徳川家・松平家の51人

家康が築いた最強一族の興亡

堀口茉純
Horiguchi Masumi

PHP新書

JN110549

はじめに

〝厭《おん》離《り》穢《え》土《ど》欣《ごん》求《ぐ》浄《じょう》土《ど》〟

穢《けが》れた娑婆《しゃば》の世界を厭《いと》い、極楽浄土を願い求めるという意味の仏教用語です。

徳川家康はこの言葉を戦場で掲げる旗印にしていました。つまり穢れ切った戦国乱世を終わらせ、極楽浄土のような平和な時代を創るんだという意思を明確に示したうえで戦いに臨んでいたわけです。

これは本当にすごいことです。だって応仁の乱から百年の間、武士たちの間では争いが絶えず、戦こそが日常になっていた当時のことなのだから。

戦争はいけない、なんて口で言うのは簡単です。そんなことは誰でも知っているはずなのです。でも、それでも戦争は繰り返し起こってしまいます。

人類史は極論すれば戦争の歴史です。戦わずにはいられないのが人間なのかもしれない。歴史をなぞっていると、そんな絶望感に襲われることがよくあります。

しかし、家康という人は、日本の歴史上に本当に戦争のない天下泰平の時代を創ってみせました。

その偉業を達成するために凝らした創意工夫は多岐にわたります。例えばそれは、幕藩体制という統治機構であったり、転封・改易による大名統制であったり、天下普請《てんかぶしん》などの大規模公共土木事業であったり、五街道整備による物流・経済政策であったり、貨幣統一や三貨制度の導入などの金融政策であったりするわけですが、このあたりの事を取り上げた本は世の中に既に沢山ありますので本書ではあえて触れません。

私が注目したいのは、「徳川」「松平」という名字。

家康はこの「徳川」「松平」のブランド力を全国統治に極めて有効に活用したのです。どうですか? 少し、この本の内容に興味をもっていただけましたか? もしよろしければその勢いで、目次ページをご覧になってみてください。

ざっとご覧いただいただけで沢山の「徳川」「松平」の人々が出てくると思います。

家康、吉宗、光圀《みつくに》、慶喜《よしのぶ》というような日本史の授業や時代劇でお馴染みの人もいれば、親氏《ちかうじ》、頼重《よりしげ》、家基《いえもと》のような一般的な知名度の低い人もいます。

でも、有名無名にかかわらず一人一人が実に個性的で、大変魅力的なのです。

この本では彼らの人物像を立体化するため、その人となりを伝える逸話が書かれた史料を多数ご紹介しています。

対象人物と同時代に書かれたいわゆる一次史料もありますが、中には後世に書かれたものや、逸話、伝記の類《たぐい》もあります。どういった性質の史料なのかを史料タイトルの後に簡単に書いておきますので、「この話はリアルだな」「この話は半分割り引いて聞いておいたほうがいいな」など、受け止めの参考にしてください。

また、元史料の引用部分が文語体や漢文など現代人にとってわかりにくい場合は、私の現代語訳&適宜《てきぎ》言葉を補った意訳での掲載としました。歴史にお詳しい方の中には原文が載っていないことに物足りなさをお感じになるかもしれませんが、新書として一般向けに分かりやすく表現するため、限られたページ数の中でより多くの人物を紹介するためですのであらかじめご了承ください。人物名に関しても同様の理由で、基本的には一般的に知られているものを優先して記載しています。

何しろこの本のタイトルは『徳川家・松平家の51人』。沢山の人物が登場するのです。

ちなみに51人というのは、実際の数字ではなく〝それだけ多くの人物を取り上げます〟というイメージです。この本の担当編集者の前原さんが「徳川将軍十五代の15という数字を反転させて取りあえず51で！」と仮タイトルにしていたのを私が気に入って、そのままタイトルにしました（笑）。数えてみたら実際はもっと多く、家康の血縁の男性のみで98人でした。これに系図や図版のみに登場する人物や、女性たちまで加えるとさらに多くなります。

そんな適当なタイトル、詐欺だ！ とお怒りにならないでください。日本には、数が多いということをざっくりとしたイメージで表現する文化があります。例えば八百万《やおよろず》の神という言葉もありますし、お江戸八百八町《はっぴゃくやちょう》だって実数ではありません。

本書で取り上げている、三河十八松平も、別に18の家があったというわけではないのです（じゃあなんで十八なのかについては本編二五ページをご覧ください）。

家康が創った江戸幕府。天下泰平の時代を築いたのは、徳川将軍十五人と「徳川」「松平」の血脈に連なる有名無名の人々でした。

この本は、そんな彼ら彼女らの物語です。

徳川家・松平家の51人　目次

はじめに 3

第一章 徳川家康のルーツ・「松平」一族 ～三河十八松平とは～

ミステリアス始祖・松平親氏 14
切れ者の三代目・信光！ 三河十八松平の繁栄 21
三河武士のレジェンド 七代目・清康 28
厄介な叔父・信定と守山崩れ 34
受難の貴公子・八代目松平広忠《ひろただ》 37
「家康」の誕生 42
「松平」から「徳川」へ！ 家康の生存戦略 48

第二章 〝超《スーパー》〟大名にして将軍のスペア・徳川御三家

〝超《スーパー》〟大名・御三家とは　56
筆頭のプライド！　尾張徳川家初代当主・義直　61
将軍になり損ねた吉通《よしみち》と継友《つぐとも》　66
ド派手な名古屋人・宗春《むねはる》　72
家康の秘蔵っ子！　紀州徳川家初代当主・頼宣　77
吉宗、ついに御三家初の将軍に！　83
頼宣、吉宗の再来？　家茂《いえもち》がイイ人すぎる！　88
末っ子気質大爆発！　水戸徳川家初代当主・頼房　93
歴史にハマって更生した光圀　98
十五代将軍徳川慶喜のモー烈お父さん・斉昭　104

第三章　御三卿と御家門
～徳川宗家の身内、親戚～

徳川将軍家の身内中の身内・御三卿　110

将軍になれそうでなれない！　田安家　112
暗躍・一橋治済　117
一橋慶喜の誕生と知られざる女傑　124
影が薄い清水家　130
粒ぞろいな御家門　132
〝制外の家〟と一目置かれた越前松平家・（結城）秀康　133
〝託孤《たっこ》の遺命《いめい》〟を受けた会津松平家・（保科《ほしな》）正之《まさゆき》　136
家康の異父弟・久松松平家　141
御連枝～家光とお風呂で指切り♡高松松平家初代当主・頼重～　143

第四章

「松平」がいっぱい ～外様大名だって「松平」ファミリー！～

江戸城の周りは「松平」だらけ　152
鼻毛で守った百万石・加賀の前田家　156

もらいそこねた百万石・仙台の伊達家 162
智謀でもぎ取る五十二万石・福岡の黒田家 168
夫婦で勝ち取った二十万石・土佐の山内家 174
屈辱の二十九万石（三十七万石）・防長二州の毛利家 179
威風堂々の七十二万石・薩摩の島津家 184
影のキーパーソン「徳川」「松平」の姫君 187

第五章 消えた「徳川」「松平」の人々 ～華麗なる一族の黒歴史～

家康の暗部・岡崎信康 190
無嗣断絶！ 松平忠吉と武田信吉 196
孤独な問題児・松平忠輝 200
素行不良で自滅！ 越前松平家・忠直 207
兄との確執が生んだ狂気……駿河大納言・忠長 211

激レア〝両典厩《りょうてんきゅう》〟家とは 218
幻の十一代将軍・徳川家基 222

第六章 その後の「徳川」「松平」一族
～戊辰戦争をどう乗り越えたか～

徳川幕府のクローザー 228
宗家十六代目当主・徳川家達と天璋院の奔走 236
幕末京都の台風の目・一会桑 242
ところで、御三家って何してたの？ 248
「徳川」「松平」の呪縛・高須四兄弟 255

おわりに 266
主な参考文献 268

第一章

徳川家康のルーツ・「松平」一族 ～三河十八松平とは～

❖ミステリアス始祖・松平親氏

徳川家康が「徳川」家康になったのは二十五歳の時のこと。それまでは「松平」を名乗っていたことはよく知られている通りである。

松平家は三河《みかわ》国加茂《かも》郡の山間の村、松平郷（現在の愛知県豊田市松平町）にルーツを持つ一族。実質的な始祖と考えられている松平**親氏**は家康からさかのぼること八代前、室町時代初めごろの人物だ。

この親氏はもともと松平郷に住んでいた人ではない。それが何故、松平家の始祖になったのか。残念ながらそれを確定することができるような同時代史料は現在のところ発見されていないが、後世に書かれた『松平氏由緒書』（松平太郎左衛門家の家老の家に伝わる文書。江戸時代初期に成立）に経緯が詳細に書かれているので、内容を適宜要約&意訳してお伝えしよう。少し長い引用になるがご容赦願いたい。

三河国加茂郡の松平郷に中桐と呼ばれる屋敷があった。

この屋敷の北東の方角には氏神が祀られ、近くに井戸があった。氏神は井戸からあがってきた神様だと伝わっているので、水上八幡と呼ばれていた。屋敷で子供が生まれた時にはこの井戸で産水をくみ上げた。

屋敷には十三の不思議があり、国が乱れて謀反《むほん》がある時や、病気などの時には前兆が現れた。このことを他人に伝えると悪いことが起こるので、前兆の詳細は口伝で子孫に伝えられてきた。

この屋敷の持ち主は松平郷に広い領地を持つ有力者で、名は信盛《のぶもり》といった。八幡様の生まれ変わりと言われた人物である。その信盛の嫡男《ちゃくなん》は信重《のぶしげ》といって、本屋敷の外の屋敷に住んでいた。この人も役小角《えんのおづぬ》の生まれ変わりと言われた人だ。

後に信盛が亡くなると信重が本屋敷で暮らすようになった。信重は信仰心が篤《あつ》く、豊かな暮らしぶりで、大変立派な人物であった。

領地も広かったので、地名を冠して松平太郎左衛門尉信重と名乗り、領内の道路を整備して交通の便を良くするなどしたため、前代未聞の慈悲であるとして、その評判は遠国まで広く知られていた。信重には多くの嗜《たしな》みがあったが、とりわけ歌道を寝ても覚めても忘れないというほどに愛好していた。

ある日のことである。

雨降りが続いたので、これは好都合と同じ趣味の人を呼び集めて連歌の会を開いた。しかし書き役になる人がいなかったため、なかなか始めることができないでいた。

その時、ふらりと立ち寄ったような旅人の姿があることに気がついた。旅人の名は徳《とく》翁《おう》といい、連歌の作法に詳しいらしく、少し離れたところから会の様子を見物していた。

信重は尋ねた。

「何方様《どなたさま》ですか？」

徳翁は答えた。

「東西を巡る旅の者です」

「そうはおっしゃいますが、かなり連歌にお詳しい方とお見受けします。恥ずかしいことですが、私たちの中に書き役になる者がおりません。どうか書き役を引き受けてくださいませんでしょうか？」

徳翁は申し出を断ったが、信重からどうしてもと懇願されたので書き役を引き受けることにした。そして座の中央に座ると半紙を手にとり、詠まれた歌を完璧に書き記したのだった。信重は大変喜び

「是非、あなたも御詠みになってください」

と頼むと、徳翁は少しも臆することなくその場にいた誰よりも素晴らしい歌を詠んだ。

信重はさらに感激して徳翁に是非当地にしばらく滞在してほしいと願い
「あなたの御先祖様はどういった方なのですか？」
と尋ねた。すると徳翁は
「東西を渡り歩く牢流の者でございます。お恥ずかしい限りです」
と答えた。それからしばらく屋敷に逗留《とうりゆう》したが、また旅に出るからと信重にいとまごいの挨拶をした。信重は徳翁を引き留めるため、こう打ち明けた。
「わたくしの先祖の話をいたします。お恥ずかしい話ですが、どうかお聞きになってください。先祖は在原とも、紀州熊野の鈴木の流れとも申しておりますが実は詳しいことはまるでわからず、現在にいたっては源家不詳なのです」
話を聞いた徳翁は
「そのようなお話があるのはお目出度《めでた》いことだと思いますよ」
と言った。これを聞いた信重は
「わたくしには息子はおらず、娘が二人おります。長女は嫁ぎましたが、次女はまだ屋敷におります。ご存じの通りこの屋敷には神仏がついており、娘たちも神仏の化身と考えております。ぜひとも次女と縁を結び、この地に末永く留まってください。また、この屋敷に生まれたものは末永く豊かに過ごすだろうとの神のお告げもあるのです。是非お考え下さい」

といってますます徳翁を引き留めた。

徳翁は不審な話だと思ってしばらく思案したが、弟を当地に呼び寄せることを条件にこの縁組を承諾した。

この話の中に出てきた徳翁という人物が、『三河物語』（旗本・大久保彦左衛門こと忠教《ただたか》が徳川家の事績と大久保家の功績を子孫に伝えるための書。江戸時代初期のもの）などに登場する徳阿弥＝松平親氏だと考えられている。

簡単にまとめると松平郷の有力者の娘婿になったのが松平家の始祖・親氏、ということなのだが、簡単にまとめてしまうのはもったいないほどその経緯として伝えられたエピソードは味わい深い。

まず、何故か松平太郎左衛門尉信重の屋敷がスピリチュアルなスポットであることがかなり強調され、それをウリにして神仏の化身である次女と親氏の縁組が進められたのだという。この時点で他家の由緒ではなかなか見かけないパターンなのだが、さらに重信の家のルーツは「源家不詳」。〝源家〟には源氏の家という意味もあり解釈が難しい部分ではあるが、前後の文脈からここでは〝源になった家（名）は不詳〟の意と考えるのが妥当であ

松平親氏像（松平郷園地にて著者撮影）

親氏の存在は同時代の史料中で確認できず“乞食僧”と評価する説もあります。ただ『松平氏由緒書』によると教養が高く、ルーツは不明ながら貴種を思わせる人物だったようですね。しかし松平郷園地にある銅像、カッコイイなぁ！

ろう。

さらに婿となった親氏の出自も「旅の者」「牢流の者」としている。つまり〝素性のわからない者同士の縁組で始まったのが松平氏〟といっているようなものなのだ。これは結構、衝撃的な内容である。

武士の名門とされる一族のルーツは「そもそも我が家の始まりは○○の御代にさかのぼる」というように、強引にでも貴種と結びつけ箔《はく》を付けて語り継がれるのが定石だ。

例えば先述の『三河物語』では〝徳川家の先祖は八幡太郎義家《よしいえ》（平安時代の武将・源義家のこと。清和源氏）から代々嫡々の家柄〟と言い切っている。これを事実とする裏付けはなにもないのだが、領地支配の正当性を担保するための家系の捏造《ねつぞう》は当時とすれば徳川家に限らずよくあることだった。『三河物語』を書いた大久保彦左衛門は、徳川家命《いのち》の最古参の家臣の一人なので、この華々しく粉飾された家系をあるいは本気で信じていたかもしれない。

しかし、『松平氏由緒書』はこれとは真逆。むしろ「親氏より前にルーツをさかのぼることは不可能」と言っているようにさえ思える書きぶりである。

そして、この書が松平太郎左衛門家の家老の家に伝わったものであり、屋敷の様子や親氏の松平郷入りの経緯が現在のところ発見されているほかのどの史料よりも具体的かつ詳細に書かれていることを考慮すれば、その内容はある程度実態を反映した伝承であると考えてよいのではなかろうか。

いずれにせよ、松平氏の始祖・松平親氏は素性がよくわからない人だということだけがわかっている。非常にミステリアスな存在なのだ。

❖切れ者の三代目・信光！ 三河十八松平の繁栄

松平親氏は近隣の村々を買収して領地を徐々に広げていき、妻との間に二人の男の子と一人の女の子が生まれた。

親氏が病気で亡くなると、親氏の弟・松平**泰親**《やすちか》（親氏の息子とも）が二代目となり、山間の松平郷から平地の岩津《いわづ》へと進出。松平家はこれを機に、さらに西三河平野方面へ支配地域の拡大を志向するようになる。

ただ親氏の二人の息子のうち、長男の**信広**《のぶひろ》は足にケガをしたらしく松平郷に留まることとなり、通称・太郎左衛門と名乗って以降子孫が松平太郎左衛門を襲名してゆく。

三代目当主になったのは親氏の次男（泰親の息子とも）の松平**信光**《のぶみつ》だ。信光は京都の室町幕府の執事・伊勢貞親《いせさだちか》に仕えて幕府とも関係を持ち、岩津を拠点に近隣の一揆や狼藉騒動といった問題を解決。討伐した者たちの所領を得るなどしてどんどん勢力を伸ばしてい

松平家の広がり

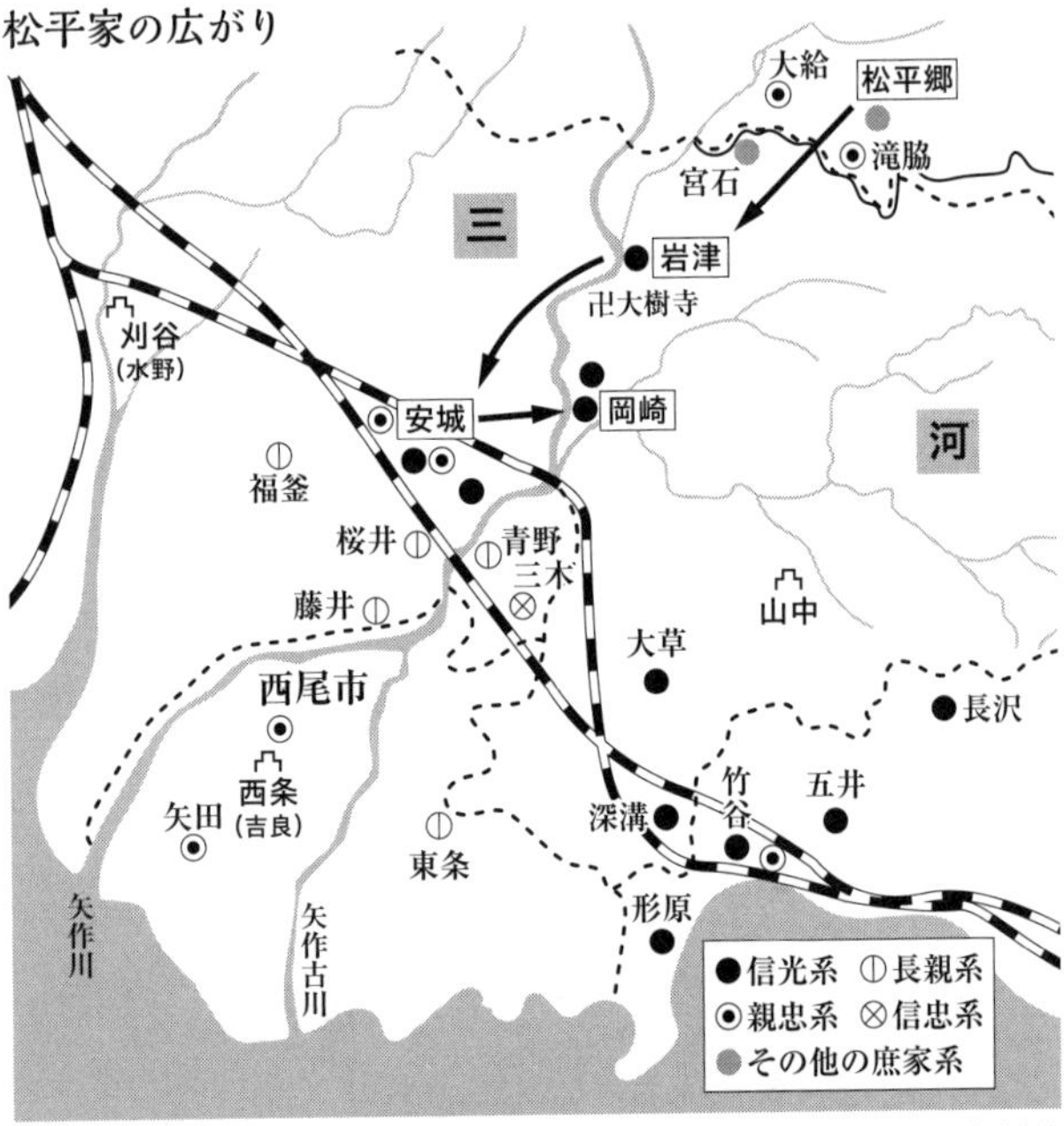

（図版参考資料・『松平の族葉』三河武士のやかた家康館）

山間部から平野部へ！ 松平家の進撃が始まります。

った。

　そして迎えた応仁元年（一四六七）、応仁の乱が勃発すると信光は東軍の細川家に与《くみ》した。そしてこの混乱に乗じ、肥沃な水田地帯が広がる矢作《やはぎ》川を挟んで西方の要衝・安《あん》城《じょう》（祥）城と、東方の要衝・岡崎の平岩城の奪取に狙いを定めたのである。

　この時の信光の戦術的特徴は「戦わずして勝つ」こと。

　西軍に与する安城城攻略の際は、城から少し離れた場所で、鼓《つづみ》や鐘《かね》を鳴らして若者たちに踊りを踊らせて浮かれた雰囲気を作り出し、城の兵が見物に出てきた隙に城を落としたという伝説がある。

さらに、勢いに乗じて平岩城の城主・西郷頼嗣《よりつぐ》を戦火を交えることなく降参させ、五男・**光重**《みつしげ》を婿に送り込んで攻略に成功した。

なんという切れ者……！　松平家はこの三代・信光のころまでに、西三河の三分の一に相当する領地を獲得したと言われている。

ちなみに信光が岩津にある妙心寺の本尊の胎内に収めた願文から「加茂朝臣《かものあそん》」を自称し本姓を加茂氏としていたことが判明している。出自が曖昧模糊《あいまいもこ》とする松平家が領地を支配する正当性の裏付けのために、実は古代豪族の賀茂氏の血筋ということにしたのだろうか。もしくは信光のころには松平家が賀茂氏をルーツとする一族であるとする何らかの伝承が残っていたのだろうか。いずれにせよ、松平家発祥の地である三河国加茂郡は、賀茂氏ゆかりの地だから名乗りとしては不自然ではなかった。

松平家、後の徳川将軍家の家紋が三つ葉葵であることも、賀茂氏との関係を匂わせるものである。京都の賀茂神社の神紋が双葉葵であることからわかる通り、葵紋は賀茂氏とのつながりがある氏族の中で使われてきた家紋だからだ。ただ家紋に葵紋を採用した経緯に関しては、松平家がもともと使っていたものだとか、家臣が使っていたものを拝借したのだとか、諸説紛々《しょせつふんぷん》のため本書で深追いはしない。

さて、信光はその数四十八人（！）という多くの子女に恵まれ、それぞれ広がった領国の重要拠点に配置して地域を支配させた。すなわち宗家は信光が拠点とした岩津の岩津松平家で、各地に竹谷《たけのや》松平家、安城《あんじょう》松平家、形原《かたのはら》松平家、大草《おおくさ》（岡崎）松平家、五井《ごい》松平家、深溝《ふこうず》松平家、能見《のみ》松平家、長澤《ながさわ》松平家などが成立した。

この時信光は息子たちに与えた地域の地名ではなく、あえて「松平」を名乗らせた。竹谷、形原、大草などの地名を名乗らせれば、自分がその土地の支配者なのだという自覚が生まれるだろう。やがて独立心が芽生えて領土を巡り一族間での争いが起こりかねない。

そこで、各地の松平家は独立した勢力を持つ分家ではなく、あくまで宗家の分身なのだという建て付けにすることで親族間の結束を固め、宗家を中心とする親族組織を編成。松平一族一丸となって領国経営にあたる体制を構築していったのだ。

こうして新興勢力である松平家は西三河において大きな存在感を持つようになった。

しかし宗家たる岩津松平家は、信光の死後、永正三年（一五〇六）の戦国大名・今川氏《いまがわうじ》親《ちか》とその叔父・伊勢宗瑞《いせそうずい》（俗にいう北条早雲《ほうじょうそううん》）の侵攻により数年後に壊滅してしまう。

これにより、安城松平家が松平氏の実質的な惣領家《そうりょうけ》（宗家を継ぐ後継者を輩出する家）の地位に据えられることになった。

安城松平家は、信光が三男・**親忠**《ちかただ》に安城城を譲ったことに端を発する。岩津松平家は京都の室町幕府への出仕で地元を離れがちになっていたので、宗家の岩津松平家の代わりとなって一族の中で中心的な存在になっていたようだ。今川氏親・伊勢宗瑞の侵攻の際も親忠の息子・**長親**《ながちか》が果敢に奮戦。やがて長親が安城松平家を継ぐとその地位は確固たるものになった。そしてこの安城松平家から、後に徳川家康が誕生している。

このため松平家の系図上だと、四代目当主が親忠、五代目が長親なのだ。この間に安城松平家から分派する形で大給《おぎゅう》松平家、滝脇《たきわき》松平家、福釜《ふかま》松平家、桜井《さくらい》松平家、東条《とうじょう》松平家、藤井《ふじい》松平家などが、六代目当主の**信忠**《のぶただ》の時には三木《みつぎ》松平家が立てられた。

このように、徳川家康以前に西三河各地に分出した松平庶家のことを、俗に〝三河十八松平〟と呼ぶ。どの家が十八松平に該当するのかについては議論のあるところだが、結論から言うと十八というのは実数ではなく、ざっくりと数が多いことを表わしているにすぎない。

なぜ十八なのかというと、松を別名・十八公（〝松〟という字を分解すると十八公になることから）ということに由来するのではないかなど諸説ある。

他にも、数え方や時期によって十四松平といったり、十六松平といったりするが、どれも間違いではない。

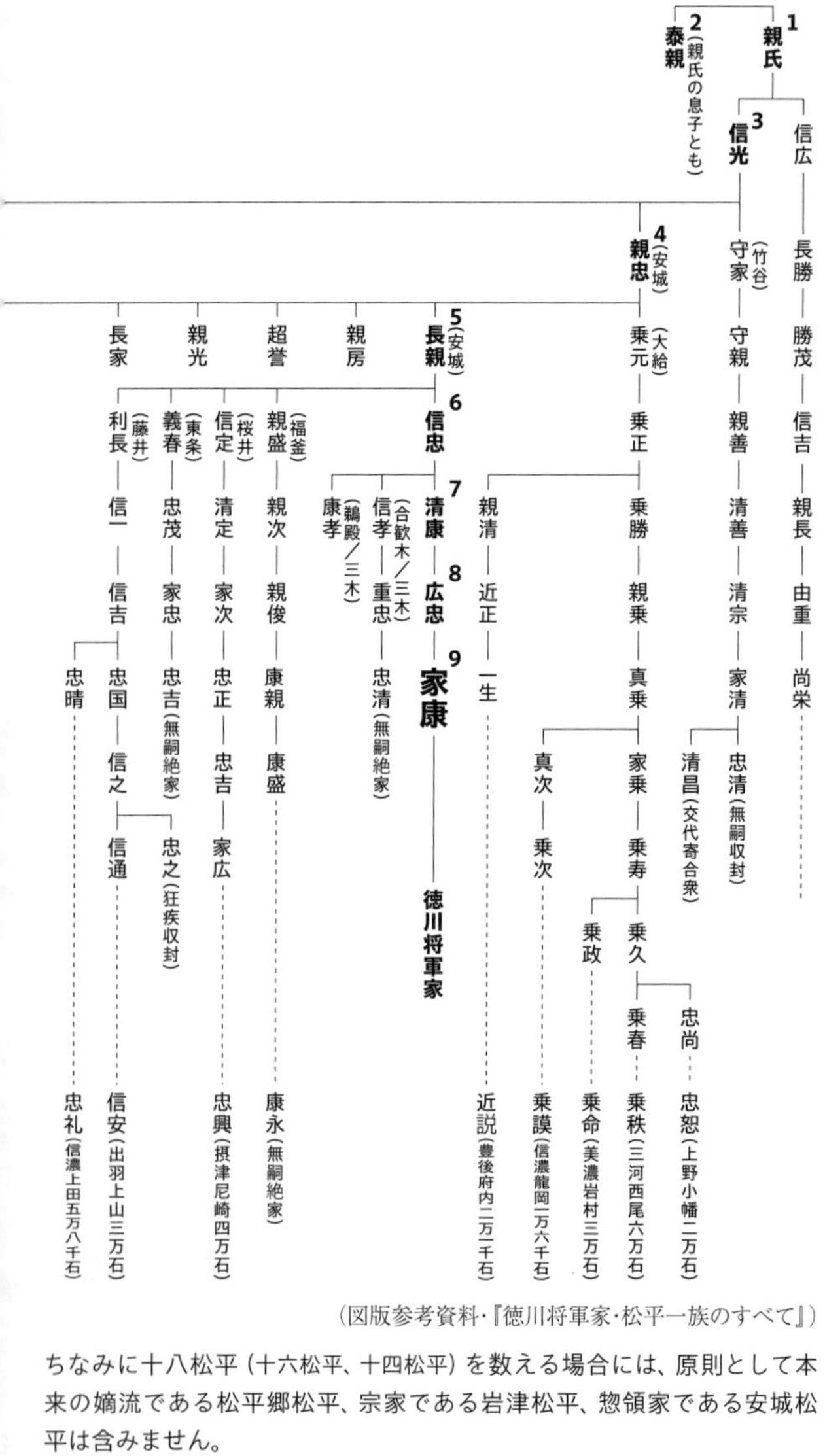

（図版参考資料・『徳川将軍家・松平一族のすべて』）

ちなみに十八松平（十六松平、十四松平）を数える場合には、原則として本来の嫡流である松平郷松平、宗家である岩津松平、惣領家である安城松平は含みません。

十八松平系図

『寛政重修諸家譜』に拠ったが一部訂正を加えた。なお、大名家となった家については、最後の藩主と転封地・知行高を下に示した。

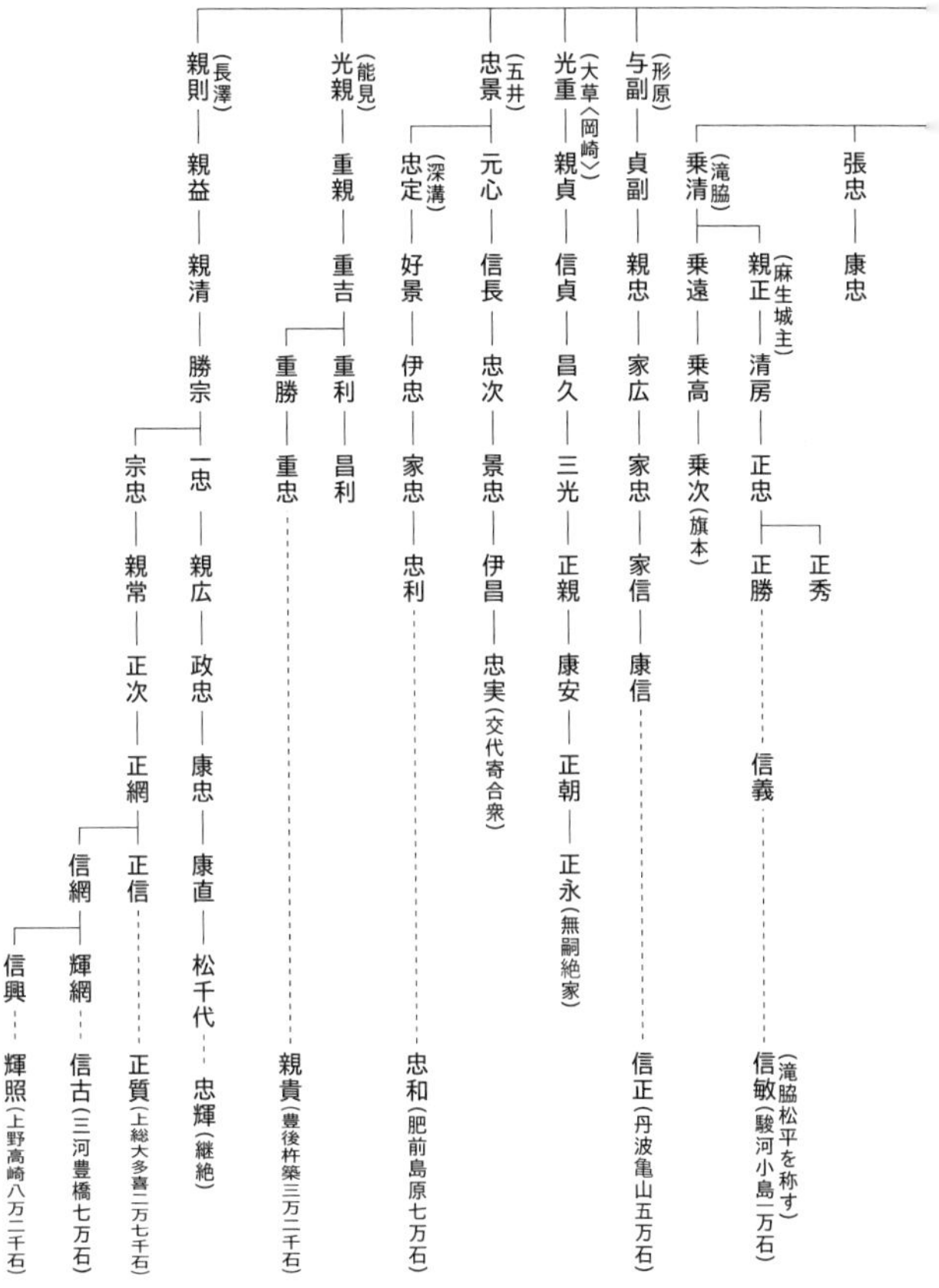

まさに松の栄といった系図は壮観。家康は松平宗家の当主としては九代目、安城松平家としては六代目、徳川宗家(将軍家)としては初代ということになります。

重要なのは数字ではなく、それほどまでに松平一族が栄えたのだというイメージである。

❖三河武士のレジェンド　七代目・清康

かくして、戦国時代に西三河の地で繁栄した松平一族。

しかし数が増えるということはそれだけ一つにまとまるのが難しくなるということだ。リーダーが頼りなければなおさらである。

六代目当主の信忠は『三河物語』で慈悲の心なく情け深いエピソードなど何一つないとバッサリ批判されているように、いわゆる暗愚な人物だったようだ。このため家臣にも領民にも全く人気がなく、松平庶家も惣領家の安城松平家のいうことを聞かず独自の動きをとるようになっていく。

安城城内も信忠を支えるべきと考える一派と、信忠の弟でリーダーの資質を兼ね備えた**信定**《のぶさだ》を跡継ぎにすべきと主張する一派に割れた。このままでは松平家の領地を狙う近隣の戦国大名につけ入るスキを与えることになりかねない。

結局、信忠は数え十三歳の嫡男・竹千代《たけちよ》に家督を譲り隠居することになった。

『三河物語』は六代目・信忠の時とは打って変わって、七代目当主となった竹千代改め松平清孝《きよたか》、後に改名して**清康**《きよやす》（通称は次郎三郎）を理想の主君として手放しで絶賛している。例のごとく要約、意訳してお伝えしよう。

次郎三郎清康は並大抵の人物ではなかった。

小柄だが、目はクナラ鳥（仏書に出てくる眼が美しく清冷な鳥）のように澄んでいて、獲物を狙う鷹よりも見事なもので、その姿は誰よりも立派だった。

比類なき武勇の持ち主だが、とても優しい方で、身分に関係なく誰に対しても慈悲深く情けをおかけになった。

家臣たちは心から、この人のためなら妻子を顧《かえり》みず、命を捨てて屍《しかばね》をさらし、野山の獣に引きちぎられても惜しくはないと思うようになった。

この方の先祖はみな優秀で松平家は徐々に勢いが盛んになってきたのだが、この方はその先祖の誰よりも優れていたのだ。

ある時この方の食事が終わるころに家臣たちが出仕すると、お椀の汁を捨てて

「皆、これで酒を飲め」

とおっしゃった。それでも、皆頭を地面につけて平服していたので

「なぜ飲まない」

とおっしゃった。しかし別の盃ならともかく、主君のお椀なので恐縮して、誰も頭をあげられずにいた。それをご覧になっておっしゃったのは
「前世の行いがよければ主君となり、前世の行いが悪ければ家臣となる。それだけのことだ。侍に上下の差などない。恐縮せずに、飲め飲め」
家臣たちはあまり断るのも悪いだろうと、かしこまって頂戴するために前にすすんだ。するとこの方は微笑んで、皆に三杯づつの酒を下さった。上戸《じょうご》も下戸《げこ》も皆感激して、ありがたく三杯づつ飲んで退出した。その時、家臣たちが帰り道で話しあったのは
「今日のお椀の酒と、情けあるお言葉は、知行地《ちぎょうち》や金銀や米や宝物を山ほど積まれたとしても代え難いほどにありがたいものだった。お椀の酒をなんだと思った？　あれは主君と我々家臣どもの首の血なのだ。このお情けに命がけで報い、妻子を顧みず討ち死にをして冥途《めいど》の土産にしよう」
ということだった。皆「もっともだ」といって喜び合った。

現代人の感覚だと、上司が汁を飲んでいた椀で部下に酒を強要するなんてパワハラ案件では……、と思ってしまうが、いやいや、これは戦国時代の話。当時の主従関係においては、これが〝寛大な主君〟を賛美するエピソードになるのだ。

『三河物語』を書いた著者の大久保彦左衛門は徳川家康の長男と同世代の人だから、もちろん家康の祖父にあたる松平清康のことを直接知っていたわけではない。

あくまで祖父や親の世代から聞いた話ではあろうが、いわゆる三河武士と呼ばれる家臣たちにとって、清康という人物がいかに偉大なカリスマとして語り継がれた存在であったのかを知ることができる。

しかもこの時、清康が「侍に上下の差などない」と言ったとされていることは大変興味深い。このような清康の態度は以降の松平家の当主、やがてそこから発生する徳川将軍家にまで引き継がれていくからだ。

それはつまり「主君が身分の上下を超えて家臣を大事にする」ということだ。このような主君の思いを、仕える家臣たちの側も心の底からありがたく真摯《しんし》に受け止めた。

そして、主君のためなら命がけで働き、時には誠意をもって主君に諫言《かんげん》も厭わぬという使命感を芽生えさせ「松平（のちの徳川）家をお支えするのは俺たち三河武士だ！」という、アツい譜代の家臣団を形成していった。

徳川家康の時代に顕著《けんちょ》となる君臣一丸となって困難を乗り越える家風を決定づけたのは、この清康の代での出来事によるところが大きい。

実際、松平清康と三河武士たちによる快進撃は目覚ましく、安城松平家と対立する大草

（岡崎）松平家の山中城、岡崎城を開城させた。この時に旧岡崎城は破城し新たな岡崎城を築き、これ以降、岡崎が松平惣領家の本拠地となる。

また三河国には松平家以外にも古くから力を持つ有力な大小の豪族がひしめいていたがこれらの平定にも乗り出して、足助《あすけ》城の鈴木家を降伏させた。

こうして西三河の勢力を盤石《ばんじやく》にすると、次は東三河の今橋城（吉田城）を攻略。戸田家、菅沼家、奥平家、牧野家といった東三河の有力者の多くが松平家の傘下に下ったのである。

このような中で清康は、自らを世良田《せらだ》次郎三郎清康と称するようになった。

世良田とは、清和源氏の流れをくみ新田《にった》氏につながる、上野国新田荘世良田の豪族となった世良田の一族の家名だ。

松平家と世良田家が血統的に本当につながっていたという確証があるわけではなく、どういう真意で清康が松平以外に世良田を名乗ったのかは現在のところ解明されていない。ただ、状況から推察するに血統の箔付けをしたいという意思が働いたのではないかと考えられている。

松平家は確かに清康の代で様々な一族を傘下に従え、三河を代表する最有力の家となった。しかし三河には清和源氏の流れをくみ、足利氏に連なる名門の一族・吉良《きら》家などの所

三河周辺ざっくり勢力図

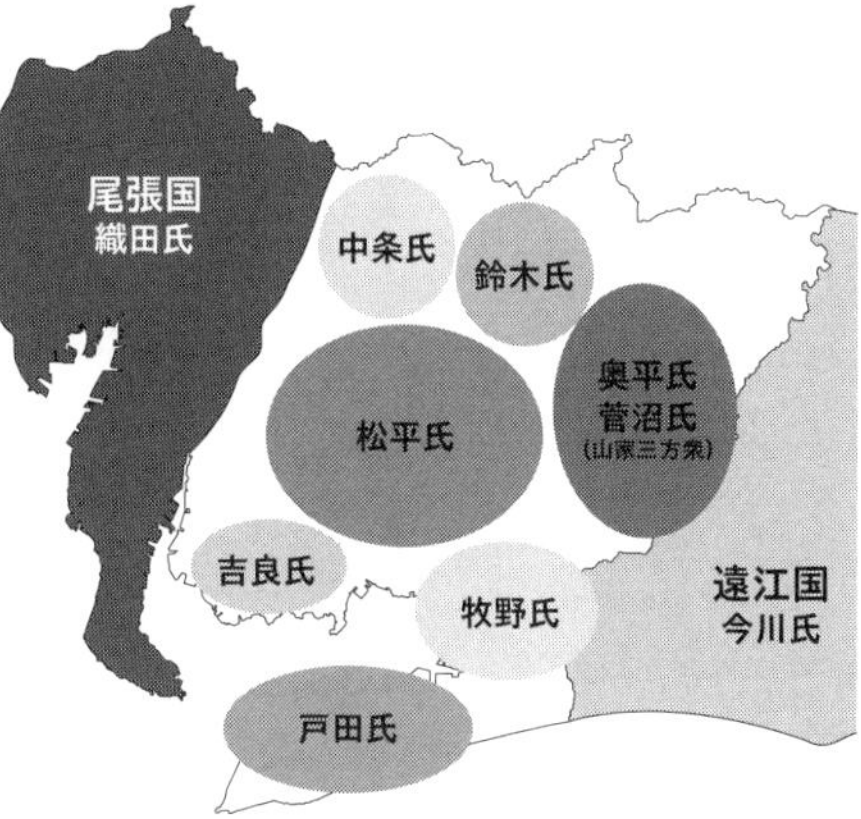

三河は東に今川家、西に織田家と有力大名に挟まれ、国内は大小豪族が割拠というカオス状態でした。

領があり、わずかながらその権威を保っている状態であった。あと一歩のところで三河一国を完全に掌握できずにいたわけだ。

また近隣諸国に目を向ければ、例えば三河国の東側、遠江《とおとうみ》・駿河《するが》を支配する今川家は、やはり清和源氏足利家に連なる名門一族なのである。

清康がこうした面々と対等に渡り合うためにも、血統的な権威の箔付けを必要として世良田を名乗ったという側面はあったのだろう。世良田一族が三河守に任官したとされる前例もあり、三河国の支配者の名乗りとしては説得力があった。

ただ、現実的には松平一族内部での惣領家の地位の向上が大きな理由だったのではないかとも考えられる。

松平一族は、三一ページでチラリと触れた安城松平家と大草（岡崎）松平家の対立からもわかるように、惣領家の地位が必ずしも盤石ではなかった。惣領家である安城松平家が他の松平庶家とは一線を画す別格の存在であることを示すためにも、松平とは別の、世良田のような由緒ある家名を名乗る必要があったのではないかということだ。

実際、清康の活躍が目覚ましければ目覚ましいほど、松平一族内でのアンチ清康の動きも活発になっていた。

❖厄介な叔父・信定と守山崩れ

暗愚でおなじみ六代・信忠の弟、信定の存在を覚えているだろうか。

家臣の中から兄よりも安城松平家を継ぐのにふさわしいという声が上がるほど優秀だった人である。結局は安城松平家の家督は信忠の嫡男・清康が継いだため、桜井に領地を与えられて桜井松平家の初代となったのだが、上昇志向が強い信定はこの結果に納得していなかった。

そして実の甥である清康をライバル視してか、不穏な行動をとるようになる。松平家と敵対関係にあった尾張国の戦国大名・織田信秀《おだのぶひで》（織田信長の父）と、積極的に縁組。自身

清康まわり人間関係図

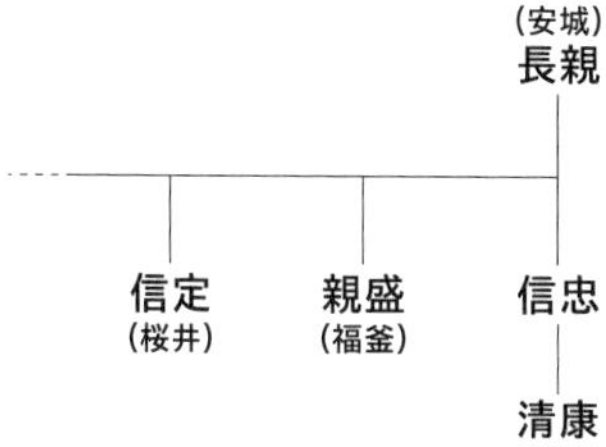

清康の頼れる方の叔父・親盛と、頼れないほうの叔父・信定。同じ松平一族の中でも思惑は様々です。

の息子と信秀の妹の縁組を成立させ、娘も信秀の弟の信光《のぶみつ》に嫁がせたのだ。

清康にしてみれば、信定はだいぶ厄介な叔父だった。

そして清康と信定の関係性が決定的にこじれる事件が発生する。

それは東三河の宇利城攻略戦の時のこと。『三河物語』によると宇利城城主・熊谷実長（源平合戦の活躍で知られる熊《くま》谷《がい》直実《なおざね》の後裔《こうえい》と伝わる）はなかなか降伏せず、城を枕に討ち死にする覚悟で徹底抗戦の構えをみせたため、松平軍は武力で宇利城を攻め落とすこととなった。

作戦は宇利城の正面の大手門から桜井松平家の信定と、福釜《ふかま》松平家の**親盛**《ちかもり》（信忠の弟、信定の兄と伝わる）が突撃し、大将の清康は裏手側の搦手《からめて》から少し離れた場所に陣を張って援護をすることと決まったという。

戦が始まると熊谷実長が大手門に自ら斬って出てきたので、親盛が果敢に応戦し一進一退の激戦に。

結果、松平軍が勝利して熊谷軍は離散したが、奮戦した親盛は戦死してしまう。側にいたはずの信定は、あろうことか親盛の劣勢を知っても一向に助けようとしなかった。

親盛は松平一門随一の弓取りと言われるほど武勇に優れただけでなく、甥の清康を一度も裏切ることなく支えた誠実な人だった。清康も親盛のことを心から信頼していた。

搦手で戦況を見守っていた清康は親盛の戦死を涙を流して悲しんだ。助けなかった信定に対する憎悪を隠さず、拳を握って目を見開き、顔を真っ赤にして白泡を吹いて仁王立ち《におうだ》ちになり、汗が噴き出して、天魔鬼神も逃げ出すような勢いであった。

清康は信定を呼びつけて怒りを大爆発させ、公衆の面前で

「お前が助けなければならないのに見殺しにするとはどういうことか!」

と罵倒。信定は赤面し、家臣たちの前で恥をさらすことになったという。

そして数年後。天文四年(一五三五)十二月、三河をほぼ統一した清康は西の織田領への侵攻を開始。織田信光の居城・守山(森山とも)城を攻めることを決めた。

しかしその陣中で突然、家臣の阿部正豊《まさとよ》に惨殺されてしまったのである。享年二十五。

なんでも阿部正豊の父親・定吉《さだよし》が織田方に内通しているという噂がにわかに流れ、本陣で馬が嘶《いなな》く声がするのを聞いた正豊が、清康が父親を成敗《せいばい》したのと勘違いして逆上し殺害にいたったらしい。阿部正豊はその場で斬られて蹴り殺され、遺体は肥溜《こえだ》めに捨てられ

た。

突然大黒柱を失った松平軍は放心状態で岡崎に撤退することになった。以降、松平家は急速に勢力を失う。これが後の世に言う守山崩れである。

この守山崩れで暗躍したのが松平信定だという。信定はこの守山攻めに加わっていない。というのも、このころ守山地域を治めていたのは信定なのだ。通説では信定の娘婿の織田信光が守山城主とされているが、同時代の史料で信光が守山城主だったことは確認できない。このため清康の守山攻めの真の攻撃目標は信定で、対抗策として信定が清康の陣中に阿部家の悪い噂を流して主君殺害を教唆《きょうさ》したのではないかとする説もある。

信定が織田家と縁を深めていたこと、宇利城攻めの時に罵倒され清康に対する恨みが募っていただろうこと、また後述の清康死後の行動などから総合的に考えると、その可能性は否定できないように思う。

血で血を洗う、仁義なき時代だ。

❖受難の貴公子・八代目松平広忠《ひろただ》

守山崩れによる七代目の当主・松平清康の急死により、清康の嫡男・仙千代《せんちよ》（千松丸とも）は受難の日々を送ることになった。

『徳川幕府家譜』（松平氏から徳川将軍家にいたる歴代の系譜。諸記録を元に江戸時代後期に編纂）に書かれたその様子は以下の通りである。

清康横死の混乱に乗じて、松平信定が岡崎城を占領。信定は領国の制法を思うままに操って日増しに増長し、この時まだ十歳だった仙千代の殺害まで企てるようになった。

そこで家臣の阿部定吉（清康を殺害した正豊の父親）が吉良持広《きらもちひろ》を頼って仙千代を逃がし、持広の所領のある伊勢国・神戸に匿《かくま》われることになった。仙千代はここで元服し、持広から一字もらって松平広忠と名を改めた。

しかし、吉良持広が亡くなると吉良家は方針を転換して織田家とのつながりを強めたため、主従は吉良を見限って再び逃亡。

三河国長篠の領民を頼って潜伏し、のちに今川家を頼って遠江国へ。やがて今川家の本拠地・駿河国にいたって今川義元の元で保護されることになった。

その後、義元の計らいで三河国の牟呂《むろ》城に移ると、譜代《ふだい》の家臣たちの間でどうにかして広忠を岡崎城に復帰させようという機運が高まった。

このような中で広忠は、松平信孝《のぶたか》（清康の弟。合歓木松平家もしくは三木松平家初代）、鵜殿松平の松平康孝《やすたか》（清康、信孝の弟。鵜殿松平家もしくは三木松平家初代）と力を合わせて岡崎城から信定を追い出し、天文十一年（一五四二）五月ようやく帰還を果たした。

※松平信孝、および松平康孝が松平庶家のどの家に分類するかについては諸説あるため、代表的な説に依って併記した

この**広忠**が岡崎に帰還した年の年末に誕生したのが嫡男・竹千代。後の徳川**家康**《いえやす》だ。

しかし、喜んでばかりいられる状況ではなかった。このころの三河国における松平惣領家の求心力は清康時代に比べると見る影もなく衰えていたからだ。

桜井松平家の信定は岡崎から引いたとはいえ広忠に敵対の姿勢を崩さなかった。また、岡崎帰還に協力した松平信孝も広忠の後見役として惣領家内部で存在感を強めていた。

例えば広忠と於大《おだい》（竹千代・後の徳川家康の母）との縁組を進めたのは**信孝**だという説がある。於大は水野家の娘。水野家はもともとは尾張国の知多半島北部を拠点とする一族だが、新たに刈谷城を築いて三河に進出。水野家一族の中には松平信定とつながりその縁で織田家に与する勢力もあった。

つまり水野家は松平惣領家にとって脅威になりうる家であったが、それならむしろ縁組をして抱き込んでしまおうというのが松平信孝の方針だったという。

このような強気な外交姿勢に広忠本人や阿部定吉ら保守的な重臣は反発。家臣も後見役

の信孝につくかそれとも当主の広忠につくかによって派閥ができ、抗争が激化していったらしい。

前出の『徳川幕府家譜』には、このころ広忠が近臣の岩松八弥に刃物で刺し殺されそうになる事件が起こったとあり、家中に不穏な空気が流れていたことを示唆《しさ》している。

結局、松平信孝は追放、於大は離縁して実家に返すこととなったのだが、松平氏一族内部の不協和音はもはや惣領家が制御できないレベルに達していた。

さらに三河国の外に目を向ければ周りは敵だらけ。東に勢力を持つ今川家は守山崩れの後に広忠を保護したから、行為だけ見れば松平氏に対して一見好意的だ。しかし内心では松平家との上下関係を明確にし、いずれは吸収して円満に三河国を手中に収めようという下心があったのは明らかである。

また三河国の西の織田家は武力侵攻によって三河国を手中に収めようという野心を隠さなかった。嗚呼、内憂外患……。

そして天文十六年（一五四七）には、ついに織田軍の本体、織田信秀の本格的な三河侵攻が始まった。

この時広忠は今川家からの援軍を乞うため、今川家への人質として嫡男・竹千代を送ったが、途中、家臣の裏切りによって竹千代が永楽銭一千貫で織田家に売られるアクシデントに見舞われたという話が『三河物語』などに描かれており、周知のものとなっている。

しかし近年の研究ではこれは事実ではないとされ様々な考察がなされている。例えば、そもそも竹千代は織田家の人質にはなっていないという説。今川軍、織田軍に攻められた広忠はまず今川への従属を決めて竹千代を人質に送ることになったが、その間に織田軍の攻撃があって降伏。このため竹千代は織田家の人質になったのではないかとする説などだ。

ただ、『駿府記』（側近がまとめた家康の記録。江戸時代初期成立）には家康自身が「幼少のころに銭五百貫で売られた」と周囲に話した記録が残っているので、相当な混乱状態の中で人質に出されたことは間違いなさそうだ。

受難の広忠は天文十七年（一五四八）小豆坂の戦いで今川家からの援軍を得て織田軍に勝利し、松平信孝とも戦って勝利を収めた。『三河物語』によると戦死した信孝の首を前にして広忠は、はらはらと涙を流しながらこう言ったという。

「どうして生け捕りにしなかった。蔵人《くろうど》殿（信孝のこと）は、いままで私を裏切ったことはなかった。敵対してしまったのは仕方のないことで、少しも恨みには思っていなかった。将来のことが不安になって私の方から追い出してしまった。いろいろ謝罪もなさっていたのに、私が聞き入れなかったからお怒りになって、心ならずも敵になってしまったのだ。私の方から無理に敵にしたのだ。内膳《ないぜん》殿（信定のこと）が敵になったのとはわけが違う」

（信定に思わぬ流れ弾が飛んでいるのが実に味わい深いが）広忠としては岡崎帰還の恩人である信孝と敵対することに大変な葛藤があって、人前で泣くほどに精神的に追い詰められていたのだ。繊細な心の持ち主だったのだろう。

広忠は天文十八年（一五四九）、二十四歳の若さで死去。病死とも暗殺とも言われている。

❖「家康」の誕生

広忠が亡くなったとき嫡男の竹千代（後の家康。九代目当主）はまだ八歳。通説ではこの後に、人質交換で織田家から、今川家の拠点である駿府に送られたとされている。

松平惣領家当主による三河国の領国経営の体制は実質的に崩壊。松平家は今川家の庇護《ひご》のお陰でようよう命脈が保たれている状態となったわけだ。

松平惣領家の拠点だった岡崎城も今川家の傘下に置かれ今川家の城代が入った。実務的な運営はこれまで同様に阿部定吉や鳥居忠吉《とりいただよし》といった松平家の譜代の家臣が中心となって行ったが、米など税となる収穫物は今川氏に優先的に納められるようになる。

そして竹千代は十四歳の時に駿府《すんぷ》で元服。今川義元の元の字を与えられて松平元信《もとのぶ》を名乗り、十六歳の時に義元の姪を正室に迎えて今川一門に準じる扱いを受けることになった。

もう、松平家が今川家に円満吸収されるのも時間の問題……。かに見えたが、事ここにいたっても松平の復権をあきらめていない人たちがいた。松平惣領家の譜代の家臣・三河武士たちである。

このころ家康は今川義元の許可を得て、先祖の墓参りのため一時的に三河国の岡崎城に帰還している。その様子が『東照宮御実紀』（徳川幕府による家康の公式記録。諸記録をもとに江戸時代後期に編纂）に詳細に記載されているのでご紹介しよう。

岡崎城には今川家から送り込まれた城代が入り本丸に住んでいたので、君（家康のこと）は二の丸に入られた。今川義元は後でこれを聞いて分別のある少年だと感心した。城には先代から松平家に仕えている家臣の鳥居忠吉という人がいた。年はすでに八十を超える老人で、この人が今川家から命じられて税の管理などをしていた。

君の岡崎への帰還を譜代の家臣たちは皆この上ないほどに喜んだが、鳥居忠吉は君の手をとって、とある蔵におつれした。

蔵の中には驚くほど沢山の兵糧米や金が蓄えてあった。忠吉が今川家の家臣たちの目を忍んで、長年かけて少しづつ少しづつ蓄えてきたものだった。忠吉はこう言った。

「貴方様がまた三河国に戻って来て、沢山の武士を召し抱えて周囲の国々に号令をかける日のために、このように準備しておりますよ」

これをお聞きになった君は涙を流して忠吉の思いを受け止められた。そして、今川の戦に駆り出されて松平の譜代の家臣たちが大勢亡くなっていることを何よりも辛く悲しく思っていると、泣きながら打ち明けられた。

この様子を見た古参の家臣たちは、このように家臣を思いやる心は君の祖父である清康公によく似ていらっしゃると、感嘆せぬ者はいなかった。

翌年春に駿府に戻られると、御名を元康と改められた。これは祖父の清康公の武勇を慕われてのことであると伝わっている。

これが徳川幕府の公式記録に書かれたものであることを考えれば、だいぶ美化して伝わっている可能性は考慮せねばならないが、まるっきり根拠のない作り話というわけでもあるまい。少なくとも、元信から元康に改名したことは事実である。

このタイミングで松平清康にあやかった名前に改名したことの意味は大きい。風前の灯《ともしび》のように見える松平家だが、若き当主は「このまま今川家に吸収されて終わるつもりはない。いつか祖父の悲願である三河統一を果たす」という決意を表わしたと三河武士たちは受け止めただろう。主君を全力で支えようと結束はますます強固になった。

また元康も、松平庶家といった血族ではなく、松平惣領家が衰えても変わらず仕えてくれた鳥居忠吉のような古参の家臣たちを頼みにするようになる。これまでの松平氏歴代の惣領家と庶家とのゴタゴタを思えば無理からぬ判断といえよう。

永禄三年（一五六〇）、元康十九歳の時に、桶狭間《おけはざま》の戦いで今川義元が、新たに織田家の当主となった信長に討たれると、正式に岡崎城に帰還して三河平定に着手。そしていまや飛ぶ鳥を落とす勢いの尾張の戦国大名・織田信長と同盟を結び、今川家からの独立を果たした。

この時点で今川義元の元の字を捨て、名乗り始めたのが松平家康という名である。

ところで家康の家という字はどこから来ているのか。『尾張名所図会』（江戸時代後期から明治時代にかけて刊行された尾張国の地誌）によると、

信長は元康に尾張国の光明寺の僧侶・青井意足《あおいいそく》を紹介した。信長は
「意足は八幡太郎義家の軍法を伝える人物で、自分もこれを手に入れたかったが、源氏にしか伝えられないと断られた。同盟締結の礼として源氏の出の貴公に紹介する」
と言った。元康は喜んで意足から源氏の軍法を授かり、意足から
「この軍法を継ぐ者は義家の家の字を用いるべし」
と言われたので、元康から家康に改名した。

という。地元の伝承によると青井意足は、信長、秀吉《ひでよし》も懇意にしていた占い師で、様々な戦の前に吉凶を占い見事的中させた人物だが素性がよくわからない、という謎の人物である。

ただ、家康の家は八幡太郎義家の家からとったという点に関しては信じてよいだろう。前に紹介した通り、『三河物語』で〝徳川家の先祖は八幡太郎義家から代々嫡々の家柄〟とされているように、後世に作られた徳川将軍家の系図をたどると必ず八幡太郎義家こと源義家につながるようになっているからだ。

源義家は平安時代の武将で、東北地方を舞台にした前九年の役、後三年の役で活躍した人物。清和源氏を象徴する英雄である。後に鎌倉幕府を開いた源頼朝《みなもとのよりとも》も室町幕府を開

岡崎城（岡崎城公園にて著者撮影）

「松平」「徳川」一族にとって特別な場所。現在の天守は昭和34年復興の鉄筋コンクリート製。

いた足利尊氏《あしかがたかうじ》もこの血統に連なる。

この章の冒頭で述べた通り松平家の初代・親氏は素性のしれない人物で、この親氏以前の血縁関係をさかのぼって知ることは実質困難である（現在のところ不可能）。

ただ清康の代からは新田源氏の世良田を自称していた。信長すらもそう認識していたというように、松平家は源氏の家系ということで通っていたのだ。したがって、さかのぼれば八幡太郎義家に行き着くというのは無理のないストーリーだった。

真実かどうかは別として。

❖「松平」から「徳川」へ！　家康の生存戦略

家康は永禄九年（一五六六）、二十五歳の時に祖父の代からの悲願であった三河統一を果たした。そして三河国の支配権を確立するために、朝廷に働きかけて天皇から従五位下三河守叙任《じょにん》の勅許《ちょっきょ》を得、家名を松平から徳川に改めて徳川家康を名乗り始める。

「実は松平家は八幡太郎義家の流れをくむ新田源氏の末流で、上野国新田荘世良田得川（徳河、徳川とも）郷に地盤を持った得川義季《よしすえ》の子孫なのです！」というのが徳川改名の理由づけのストーリーだ。家康は祖父の清康が新田源氏の世良田を自称したことからさらに一歩踏み込んで、朝廷に承認を得て公式に徳川を名乗った。

家康はなぜ改名したのだろうか？　その真意は永禄末年に制定した家臣団の軍団編成、いわゆる「三備《みつぞなえ》の軍制」に表れているように思う。

家康は三河統一後に家臣団を三つの軍団に分け、「三備の軍制」を敷いた。

一つは家康が今川家の人質だったころから側に仕える譜代の家臣・石川家成《いしかわいえなり》（後に甥の石川数正《かずまさ》に譲る）をトップとする軍団。配下には松平家の古い地盤である西三河の国衆たちがおかれ、大給松平家、藤井松平家、大草松平家、能見松平家などがここに組み込まれた。

もう一つはやはり家康が今川家の人質だったころから側に仕える家臣筆頭である酒井忠次《さかいただつぐ》をトップとする軍団。配下には松平家にとって比較的新しい領地である東三河の国衆たちがおかれ、桜井松平家、福釜松平家、深溝松平家、長澤松平家、五井松平家、竹原松平家、竹谷松平家などはここに組み込まれた。

最後の一つは旗本《はたもと》・馬廻《うままわり》衆である。これは家康が直接指揮する精鋭部隊で、護衛と戦闘に随時投入された。今川の人質時代に岡崎に一時帰還した際のエピソードで登場した鳥居忠吉の子の元忠《もとただ》や、後に徳川四天王に数えられる本多忠勝《ほんだただかつ》、榊原康政《さかきばらやすまさ》といった選りすぐりの家臣らが配属されている。

また、「三備の軍制」とは別に、やはり人質時代から家康を支えた天野康景《あまのやすかげ》・高力清長《こうりききよなが》、そして西三河の出身で武勇をもって家康に仕えた本多重次《しげつぐ》を「三河三奉行」として配置。この三名は〝仏《ほとけ》高力　鬼作左《おにさくざ》（本多重次のこと）　どちへんなきは天野三兵（康景）〟と言われるほどの三者三様の個性をもって、民政や訴訟問題を担当した。

この人事編成から読み取れるのは、家康が松平庶家よりも譜代の家臣たちを頼りにしたということだ。どう考えても圧倒的に。

祖父・清康が松平信定と、父・広忠が松平信孝とそれぞれ争って疲弊したように、松平一族内部では惣領家とそれに対抗する松平庶家との争いが絶えなかった。家康にとって松平庶家は血のつながりがあるからこそ無下にできない厄介な存在になっていたのだ。

「三備の軍制」「三河三奉行」の人事には、政治的にも軍事的にも、もう親戚筋である松平庶家には依存しないという、戦国大名として覇道を歩み始めた家康の強い意思が表れているように思う。

つまり家康は、松平から改名して新たに徳川を名乗ることで松平庶家から徳川家を切り離して別格化を図ったと考えられるのではないか。

もちろん、この改名には対外的なイメージ戦略という側面も大きかったことだろう。

三河の統一は松平一族の悲願なのだから、もし家康が三河一国の領主として収まるつもりだったのであれば名乗りは松平のままでよかったはずだ。

三備の軍制

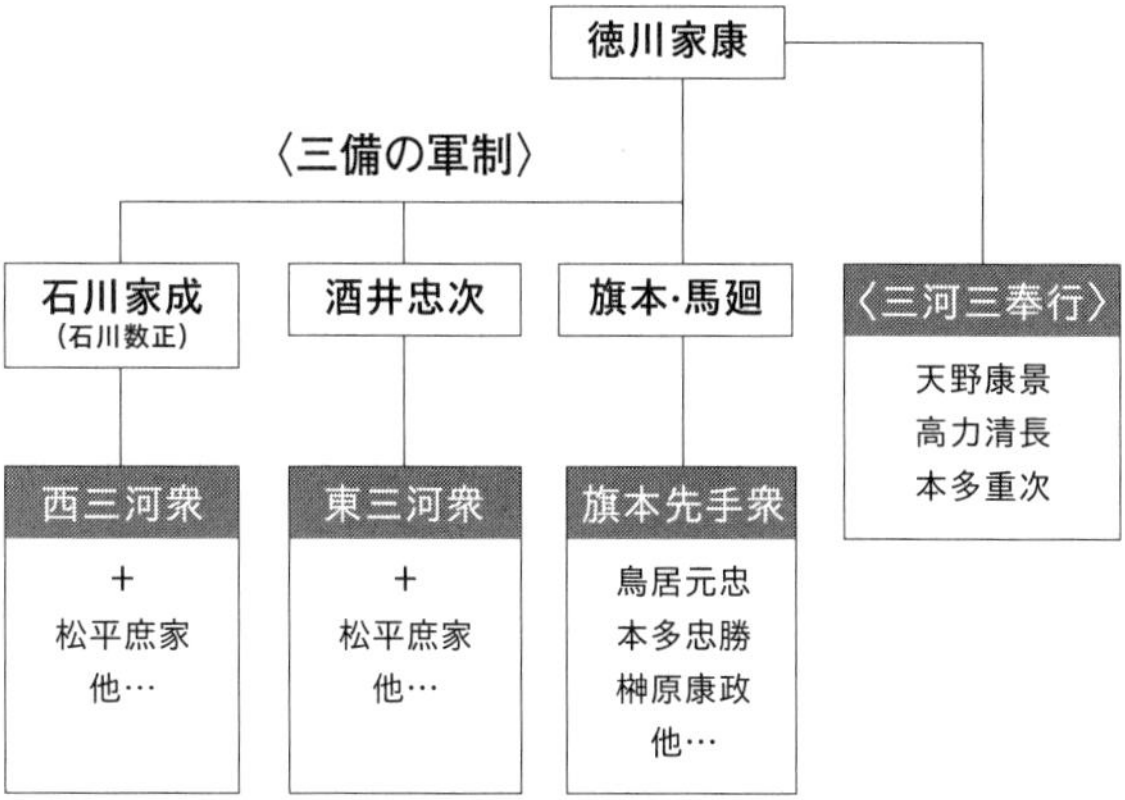

松平庶家の勢力を押さえて功臣を最大限に評価をしつつ、自身直属の機動部隊を新設。軍事に内政に隙のない人事です。

しかし家康はさらなる高みを目指していた。この時点で後に天下人になる未来をどれほど明確に意識していたかはわからない。ただ三河平定後に今川家の領土だった遠江、駿河を攻略し「海道一の弓取り」と評されるほど勢力を伸ばしたことを考えると、さらなる領土拡大を目指していたことは確実といえよう。少なくとも今川家にとって代わり、織田家と肩を並べ、群雄割拠する東海地方の一大勢力になろうという野望は持っていたわけだ。

　野望の実現のためにも、松平という当時としては良くも悪くも三河に固定されたイメージを持つ名乗りを捨てて、徳川という既存のどの戦国大名とも被《かぶ》らない新しい名乗りを必要としたのだろう。

家康が慶長八年（一六〇三）に征夷大将軍に就任して江戸幕府を開くと、徳川という家名は、いよいよ唯一無二のブランド価値を持つようになった。

家康は将軍に就任するとわずか二年二か月でその座を**秀忠**《ひでただ》に譲り、二代将軍・徳川秀忠が誕生。自身は大御所となって政治を後見した。これによって征夷大将軍職は徳川家によって引き継がれ、徳川家が頂点に立って江戸幕府を運営してゆくのだという方針を打ち出す。

また大御所となった家康は正室が産んだ長男＝嫡男を徳川将軍家の跡継ぎ、いわゆる世子《せい し》として認知するルールを厳格化した。

実は二代将軍・徳川秀忠は家康の三男である。本来であれば長男の**信康**《のぶやす》が世子となるはずであり、実際そのように扱われていたのだが、二十一歳の時に家康自身が自害を申し付けた（！）ため死亡した。順番で行けばその後に家康の後継者として認知されるべきは次男の**秀康**《ひでやす》であったが、彼は生まれた瞬間からなぜか家康に冷遇され続け（詳しくは一三三ページ参照）、家康の意向で次男の秀康を飛び越えて三男の秀忠が世子扱いとなり、徳川宗家を継いだ。

当時、このようなイレギュラーな家督相続は徳川家に限らず、多くの大名家で行われていた。必ずしも年長の男子が、将来家督を相続するというわけではなかったのだ。

一応、正室が生んだ長男＝嫡男が世子になるという決まりはあった。しかしその嫡男の性格や素行、健康状態などから家督相続に不適合と判断された場合は兄弟や叔父・甥などから跡継ぎが選ばれることも多かった。

つまり家督を相続する可能性のある候補者が複数いる状態だったのであり、そのせいで親兄弟叔父といった親族間で血みどろの家督争いが繰り返し起こってきたのである。これが戦国乱世が長く続く一つの要因にもなっていた。

そこで家康は将来将軍職を継ぐ将軍世子は原則徳川宗家の正室が生んだ長男。長男が死ねば次男、次男が死ねば三男という順番。正室に男子が生まれなければ側室が生んだ年長の男子を正室の養子に迎えて嫡男とするというルールを徹底させることにしたのだ。

というのも、幕府草創期の徳川将軍家において、早くも家督争いの火種がくすぶり始めていたからである。二代将軍・徳川秀忠の正室お江《ごう》は、自身が生んだ長男、つまり嫡男の竹千代（のちの三代将軍・徳川家光《いえみつ》）が愚鈍で自分に懐かなかったため、賢く自分によく懐いた次男の國松《くにまつ》（のちの忠長《ただなが》）を偏愛した。

これにより三代将軍の座につくのは長男の竹千代ではなく、次男の國松なのではないか？という噂が立ち、にわかに家中が竹千代派と國松派で割れたのである。

この事態を受けて家康はお江に対し、慶長十七年（一六一二）に、次のような訓戒状を出した。

「大名にとって惣領たる長男は別格である。次男は召し仕える家臣同様に扱え。常々申し聞かせているように、このことは絶対に守るように。長男よりも次男の力が強くなれば、家の乱れのもとになる」

振り返れば、松平一族がたどってきた歴史は家督争いの歴史でもあった。

今また将軍を輩出する徳川宗家で同じような家督争いが起これば、大名に付け入るスキを与え、政権は弱体化し、行き着く先は天下騒乱。戦国乱世への逆戻りである。

家康は、負の連鎖は自分の代で断ち切ろうと考えたに違いない。そのためにまずは松平家一族同士の争いからの脱却のために徳川家を別格化し、さらにその徳川家内部での争いの芽を摘むために正室が生んだ長子＝嫡男が世子という原則を徹底させたのだ。

これが徳川家を頂点とする江戸幕府を長く存続させるための、家康の生存戦略である。

第二章

〝超《スーパー》〟大名にして将軍のスペア・徳川御三家

❖〝超《スーパー》〟大名・御三家とは

第一章終盤では徳川家康がいかなる思いで徳川家を立て、安定した家督相続のために心を砕いたかについて考察した。

だが家康はリアリストだ。だから徳川宗家（将軍家）の嫡流がそう長く続くとは思っていなかった。

そもそも、将軍と正室との間に子供が生まれるとは限らない。実際、徳川将軍十五代のうち正室の子として生まれたのは家康を含む三人。それ以外は側室の子だ。また、側室との間に男子が生まれたとしても、当時は小児死亡率が高かったから無事に成人するとも限らない。実際、徳川将軍十五代のうち幼名が宗家嫡男を意味する竹千代だったのは家康を含む四人。つまりそれ以外は嫡男死亡により継承順位が繰り上がって将軍になったということだ。将軍が男子を残さないまま亡くなる可能性だって十分にある。実際、徳川将軍十五代のうち六人が後継者となる男子がないまま死亡した。

徳川家嫡流の血統が途絶えて将軍が空位になればその座を巡って必ず争いが起こる。争いを最小限に抑えるためには、徳川宗家に世子候補者不在となった時に、将軍を輩出する資格のある家をあらかじめ決めておく必要があった。

そこで家康は、自分の息子たちを宗家から分家として切り離して大名として独立させ、いざという時に宗家に入って将軍職を継ぐ資格を持つ、いわば〝超〟大名として位置付けることにした。松平庶家に代わって徳川宗家を支える分家の血縁集団、即ち徳川一門の創設を構想したのだ。

これにより、巨大な領地を持つ外様大名に匹敵する勢力を身内から作り、徳川のブランド力をさらに強化する効果も期待された。

はじめは四男・**忠吉**《ただよし》に尾張（愛知県西部）五十七万石、五男・**信吉**《のぶよし》に水戸（茨城県中央）二十五万石、六男・**忠輝**《ただてる》に越後（佐渡を除く新潟県）六十万石を与えてその役割を期待した（各石高には諸説あり）。七男・**松千代**、八男・**仙千代**は早世したために対象から除外。

しかし忠吉と信吉が二十代の若さで亡くなったため、尾張に九男・**義直**《よしなお》を、水戸に十男・**頼宣**《よりのぶ》を入れたが、後に頼宣を駿河&遠江&東三河（静岡県中西部および愛知県東部）に転封。水戸に十一男・**頼房**《よりふさ》を入れることとした。そしてこの三人に特別に徳川を名乗ることを許した。

また、家康は存命中この義直・頼宣・頼房の三人は領地へはやらず、自身が拠点とする駿府で手塩にかけて育ててつながりの深さを内外に示したのである。

家康の死後、二代将軍・秀忠は引き続き弟たち三人が当主を務める三家を諸大名とは別格の位置付けで優遇したが、宗家を脅かす存在になってしまっては本末転倒とも考えた。このため三家をあくまで将軍家の家臣として扱う。例えば、駿河&遠江&東三河に配置されていた十男・頼宣を紀州和歌山（和歌山県及び三重県南部）に転封させ、いかに三家といえども将軍家の指図には従うのだという一門内での徳川宗家（将軍家）の絶対的な優位性を印象付けた。

この方針は三代将軍・**家光**にも引き継がれ、四代将軍・**家綱**《いえつな》のころには史料上でも「三家」という単語が確認されるようになり、五代将軍・**綱吉**《つなよし》のころにその地位が確立した。三家は敬意を表す御を付けて「御三家」と呼ばれた。

御三家の石高は、尾張徳川家が六十一万九千五百石でおよそ六十二万石、紀州徳川家が五十五万五千石、水戸徳川家がはじめ二十五万石で後に三十五万石に落ち着いた。

ちなみに幕末時点の全国の石高上位の大名は、一位が加賀前田家百二万石、二位が薩摩島津家七十三万石、三位が仙台伊達家六十二万石と外様大名が続き、四位が尾張徳川家、五位が紀州徳川家となり、水戸徳川家は十位以下だ。

そう聞くと「あれ。あんまり優遇されていないんじゃない?」と思えてしまうが、そうではない。

尾張は江戸と京都・大坂を結ぶ陸上交通の大動脈＝東海道の要地で西国大名の抑えの地、

徳川宗家（将軍家）＆御三家ざっくり系図

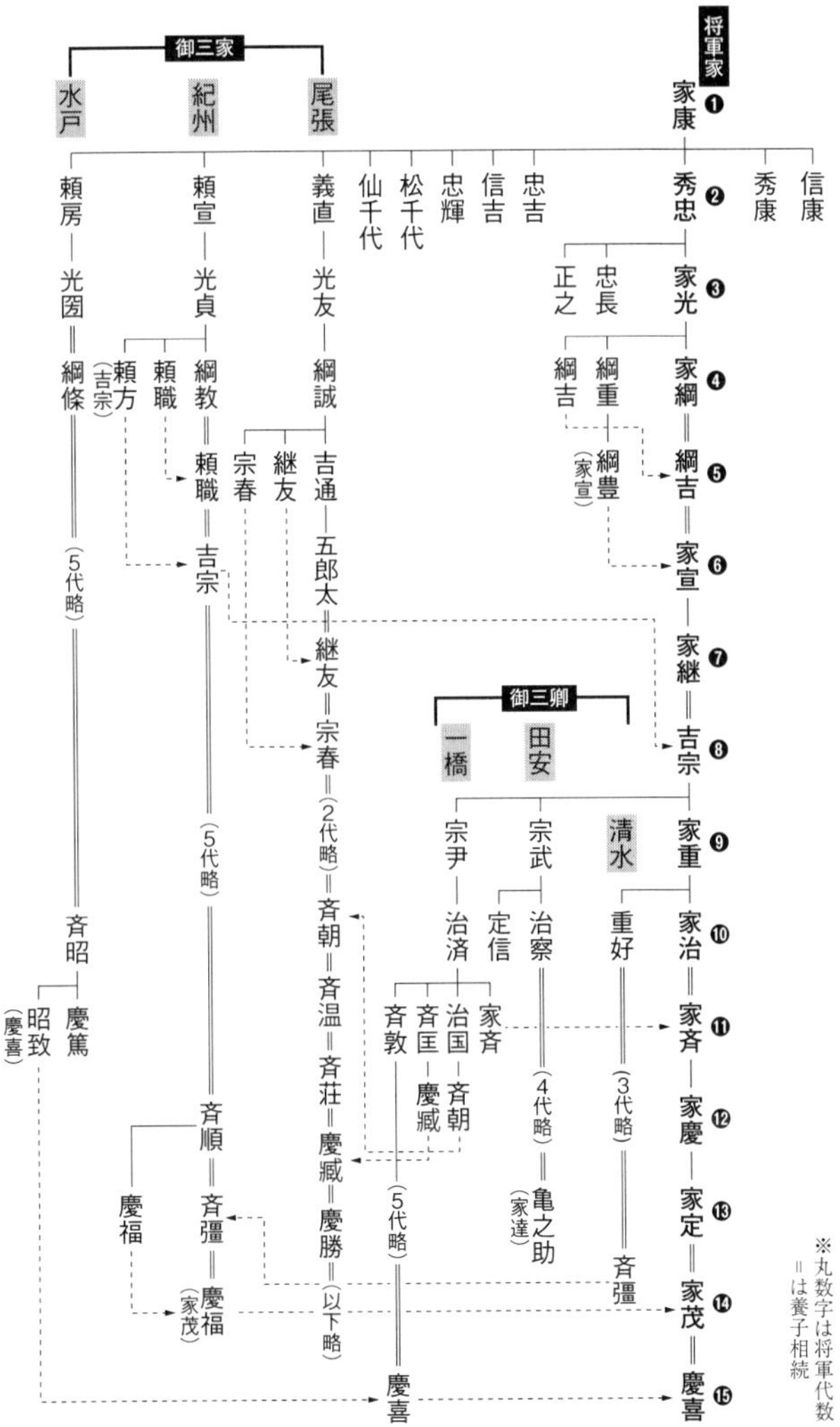

家康の九男、十男、十一男に始まる御三家。宗家と尾張・紀州徳川家との混線が目立ちます。

紀州は江戸と京都・大坂を結ぶ海上物流の要衝、水戸は江戸の北の防衛ラインで東北大名の抑えの地であり、江戸幕府の安定的運営のために外せない最重要地点三か所といえる。

また政治的権威の象徴となる官位は尾張家と紀州家が大納言（将軍の世子と同格）、水戸家が中納言を極官《ごっかん》（その家として就くことのできる最高の官位）とし、諸大名より上位とした。

叙任の際も諸大名が老中から申し渡されるのに対し、御三家は将軍直々の申し渡し。

江戸城に登城する際もＶＩＰ扱いを受けた。例えば高位の大名であっても登城の際は大手三の門という地点で乗物を降りねばならなかったが、御三家は本丸御殿の近くまで乗物に乗ったままでＯＫ。さらに御殿内へ大小の刀の持ち込みも特別にＯＫ（諸大名は脇差《わきざし》のみの持ち込み可）。殿席《でんせき》（控えの場）は諸大名の中の最上に位置する大廊下上の部屋だった。

また御三家の大名行列が通る際には先ぶれが大きな声で「シタニロ（下にいろ）、シタニロ（下にいろ）」と通行を知らせ、遭遇した一般人は土下座のまま見送り、大名も駕籠《かご》から降りて拝礼せねばならない。

このため、大大名はなるべく御三家と道で会わないように偵察を出して行列がかち合わないように調整した。それができない小大名の場合は道でばったり遭遇してしまうこともあったが、その場合は行列ごと草むらに逃げ込んで見ないふりをしてやり過ごすこともあったという。

時代劇などでは大名行列の時の「下に、下に」という掛け声がおなじみだが、江戸市中でこうした発声が認められていたのは御三家だけだった。

このように、まさに〝超〟大名家である御三家は、将軍家の下、諸大名の上に位置する特別な存在となり「徳川宗家に後継者がいない場合に将軍候補を輩出するのは、御三家しかありえない」という権威を作り上げた。

そして実際に将軍のスペア輩出機関として機能することになるのである。

❖筆頭のプライド！ 尾張徳川家初代当主・義直

尾張徳川家は御三家の中で領地・官位ともに最上級であり筆頭の家柄といえる。

尾張国は現在の愛知県西半部にあたる地域。第一章では松平家と領地を接する織田家の本拠地ということで、たびたび名前をあげてきた。

面積の過半を占める尾張平野は、木曾《きそ》川・庄内《しょうない》川などの河川によって育まれた肥沃な沖積地《ちゅうせきち》で高い生産力を有していた。さらに伊勢湾、木曾山といった自然の恩恵もあり、実高は百万石近いともいわれる豊かな土地である。

尾張徳川家の領国

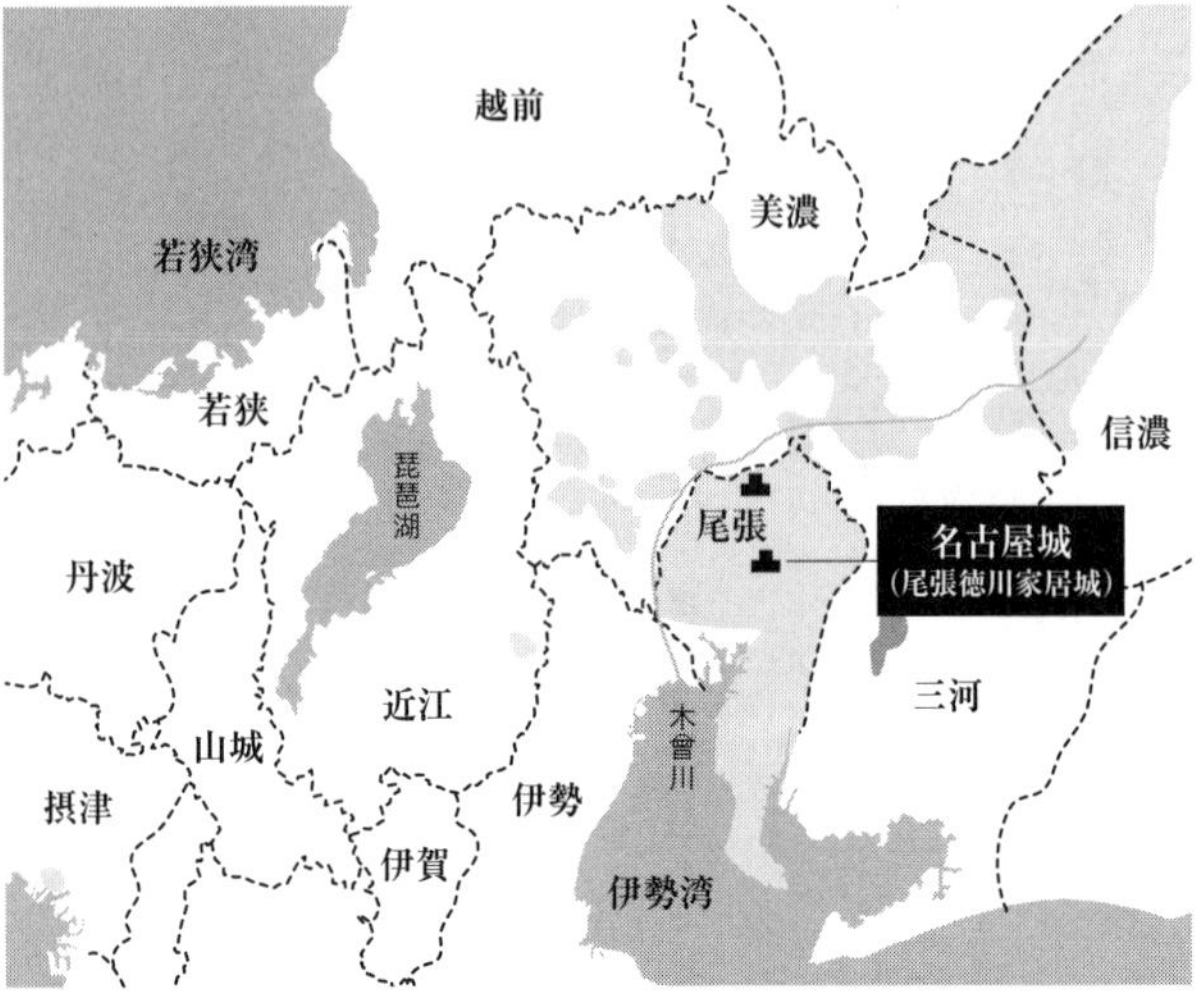

かつて織田家の拠点であった尾張は豊かな土地柄で交通の要衝。家康が絶対押さえておきたい超重要地点でした。

地勢的にも本州と九州を合わせた地域のほぼ中央に位置し、東海道や中山道《なかせんどう》などの街道が通り、江戸と上方のほぼ中間地点にあたる交通の要衝中の要衝だ。

家康はこの地を徳川将軍家による全国統治の最重要拠点の一つとして位置付け、諸大名を動員して巨大要塞・名古屋城を築城。天守には徳川一門の権威を象徴するかのように燦然《さんぜん》と輝く金の鯱《しゃちほこ》を上げ、西国大名ににらみをきかせた。

この尾張国名古屋城に配置されたのが、家康の九男で尾張徳川家初代当主・義直である。

義直は天下分け目の関ヶ原の戦

いから二か月と少したった慶長五年（一六〇〇）十一月末に大坂城で生まれた。家康はこの時五十九歳。

関ヶ原に勝利した年に生まれて縁起が良いからか年齢を重ねてからできた子だからか定かではないが、家康は義直をメチャクチャ可愛がる。数え四歳にして甲府城主の地位を与えたが領地へは行かせず、大御所となった自身の拠点である駿府城に留め置いて大事に育てた。

義直が十二歳の時に感冒にかかると、並み居る侍医の意見には耳を貸さず自ら診断を行い、とっておきの漢方・紫雪《しせつ》を与えて快復に導いている。

同じ年、家康が鷹狩をしている最中に義直が疱瘡《ほうそう》にかかったことを知ると予定を取りやめて急遽駿府城に戻ろうとし、途中で「病状は軽い」という知らせがもたらされると側室で義直の母のお亀と、同じく側室の阿茶宛に次のような手紙を書いて送った。

義直の調子がよくなったと聞いて
めでたくうれしく思います
軽くすんだようで、安心し、めでたくうれしく思います
追伸・返す返すめでたく思っています　かしこ

おかめ　あちゃへ
家康

〝めでたく〟が三回、〝うれしく〟が二回出てくる（笑）。

また、途中から墨が著しくかすれており（墨がかすれるのは家康の手紙にはよくあることなのだがそれにしても）よっぽど急いで書いたのだろう。

とにかくホッとした、本当に良かったという思いをいち早く伝えたかったと思われ、家康が義直を思う愛情の深さが表れている。

義直は兄・忠吉の死によって尾張へ転封となり、家康の死後、元和二年（一六一六）に初入国した。

その性格は謹厳《きんげん》、剛直《ごうちょく》と評され、何かあった時にすぐに対応できるようにと目を開けたまま手足を動かしながら寝た（！）という逸話も残っているほどの生真面目な殿様で、新田開発や城下町整備に積極的に取り組み尾張名古屋の発展の礎《いしずえ》を築いた。また学問にも熱心で儒教を重んじ文教政策に積極的に取り組んでいく。

ただプライドが異様に高かった。

特に甥で四歳年下の三代将軍・徳川家光に対しては「家光は家康の孫だが自分は家康の息子だしっ！　しかも超愛されて育ったしっ！」という自信があるからか、とにかくバチバチに対抗意識を持っていた。家光の方もそんな義直を煙たがっていたようだ。

『義公遺事』（水戸徳川家に仕える学者・中村篁渓《こうけい》による光圀の言行録。江戸時代前期の著作）によると、家光が水戸徳川家の頼房を同行させて上洛する際に義直の居城の名古屋城に宿泊することになっていたが、義直の〝よからぬ噂〟があったため急遽予定を変更して小休止をしただけで出発した。

これを根に持った義直は江戸への参勤交代をやめてしまう。この時は紀州徳川家の頼宣が間に入り「疑われたからには城を枕に討ち死にするっ！」と言いはる義直を説得して江戸へ参勤させて事なきを得た。

ただ家光が病に倒れた時には義直は光の速さで江戸城へ向かったので、家光は超絶不機嫌になったという。参勤交代の時期以外の出府は幕府の法令違反だからだ。

なぜ急に江戸に来たのか義直に問いただすと「将軍が他界したらどうしようと世間で心配していたっ！　権現様《ごんげん》（家康の事）が骨を折られて作られた天下なのだ、万が一の時には私がおりますということをお示ししたまでだっ！」と答えたという。

こうした徳川宗家への対抗意識からであろうか、義直は極めて強い尊皇思想を持つようになり、代々の尾張徳川家当主に対して「もし天皇が軍を率いることになったらその命に従うべしっ！」という家訓を残した。

尾張徳川家は徳川宗家の家臣である前に、天皇の家臣であると考えることで自尊心を保っていたのかもしれない。


ちなみに、義直の正室は有力大名の浅野幸長《よしなが》の娘・春姫。春姫は侍女九十人、赤い紐に通した銭を帯にするなど派手な衣装の中元百人、長持ち三百棹《さお》という大行列を仕立て、家康に二千両、義直の母に千両という莫大な持参金付きで輿入れをした。

これが、現代でも名古屋にみられる豪華な結婚式のルーツとされている。

❖将軍になり損ねた吉通《よしみち》と継友《つぐとも》

尾張徳川家から将軍が誕生することはなかったが、その可能性はあった。

四代将軍・徳川家綱が男子の後継者なく死亡したため、徳川宗家嫡流は四代目で断絶。五代目の将軍は家綱の弟、つまり徳川宗家傍流の綱吉が継いだが、綱吉も男子の後継者なく死亡。六代目の将軍は綱吉の甥の**家宣**《いえのぶ》が継いだが、その家宣も五十一歳で感冒（インフルエンザと考えられている）にかかり、数日間高熱が続いて重篤な状態に陥る。死を覚悟した家宣の気がかりは七代将軍に就任する自身の一人息子・鍋松《なべまつ》（のちの家継《いえつぐ》）がまだ数え四歳であることだった。

当時の小児死亡率は極めて高く、鍋松が後継者を残さずに亡くなる可能性は否定できない。そうなれば徳川宗家の血統は断絶し、いよいよ将軍後継者問題が勃発する。

責任感の強い家宣は、自身の死後に起こるであろう混乱を最小限に食い止めるため「後継者は息子の鍋松だが、幼少なのですぐに亡くなるかもしれない。その場合は尾張徳川家の**吉通**を迎えるように」と遺言を残して亡くなった。

吉通は尾張徳川家の四代目当主。御三家の筆頭の家柄に加えて文武両道の聞こえ高く、年齢も二十四歳と七代将軍に万が一の事が起こった時の控えとしては適任と思われた。

ただ『鸚鵡籠中記《おうむろうちゅうき》』（当時の尾張藩の下級武士の日記）には、吉通の素行についてこう書かれている。

宝永四年（一七〇七）八月下旬、江戸屋敷で吉通が「水練をしたい」といい出した。家臣は八百両をかけて庭に幅三間、長さ十五間の水船（二十五メートルプール三コース分に相当）を作った。

しかし水船の中に足を踏み入れた吉通が「冷たいっ！」といったので、あわてて家臣が湯を沸かして温めたが、今度はひどい水漏れとなり、一度入っただけでとうとう水練はできず、せっかく作った水船も無駄になってしまった。

※当時の一両は現代の十万円程度

これをいかにも御曹司らしいホッコリエピソードとみるか、浮世離れしたバカ殿様のエピソードと受け取るかは意見が分かれるところだろう。

また、同書には吉通が無類の大酒飲みで、東海道五十三次の宿場の名を付けた盃五十三杯を毎日のように飲み干し、しかも「上り」「下り」と称して何往復もしたという逸話も載っている。これはあくまで下級武士の日記に書かれている情報だからどこまで真実を反映したものなのかはわからない。ただ下々にこういった話が出回るということは、世間的には後者のバカ殿様と受け止められていたのかもしれない。

その吉通は将軍の控えに指名された翌年、二十五歳の若さで突然この世を去った。

『兼山秘策』（当時の幕政に参加した儒学者・室鳩巣《むろきゅうそう》の書簡集）によると、吉通は饅頭を食べた後に食あたりで血を吐いて即死したらしい。

ま、饅頭の……食あたり……？　大人が即死するほど傷んだ状態の饅頭を口に入れたということ？　毒見役はいなかったの？　一口食べてしまったとして味がおかしいことに気がつかなかった? っていうか食あたりで血を吐くの? などなど、様々な疑問がわいてくる。

同書によると、吉通は普段から酒の飲みすぎでたびたび吐血するようになっていたが、あまりに急な死であったので様々な噂がたった。倒れた際に医者が介抱した様子がないことも人々が不審に思う原因であったという。

つまり他殺の可能性を疑う人が多かったということだ。

吉通の急死を受けて三歳の息子の**五郎太**が家督を継いで尾張徳川家・五代目当主となるが、これも二か月後に急死。

吉通の弟・**継友**が尾張徳川家の家督を継ぐことになった。この経緯、どうもきな臭い。というのも将軍の控えポジションに急浮上した継友の婚約者は近衛《このえ》家熙《いえひろ》の娘で、家熙の姉は六代将軍・家宣の正室の天英院である。つまり、結婚が成立すれば継友は天英院の義理の甥になるのだ。

天英院は、家宣の側室で、当時、家宣の死後に七代将軍となった**家継**の生母である月光院が大奥で勢力を拡大していくことに危機感を覚えていた。

このため天英院、もしくは天英院を支持する一派が自身の勢力を維持するために次期将軍の控えはぜひとも身内から出したいという願望があり、吉通、五郎太を一服盛るなどし

徳川宗家と尾張徳川家の人間関係

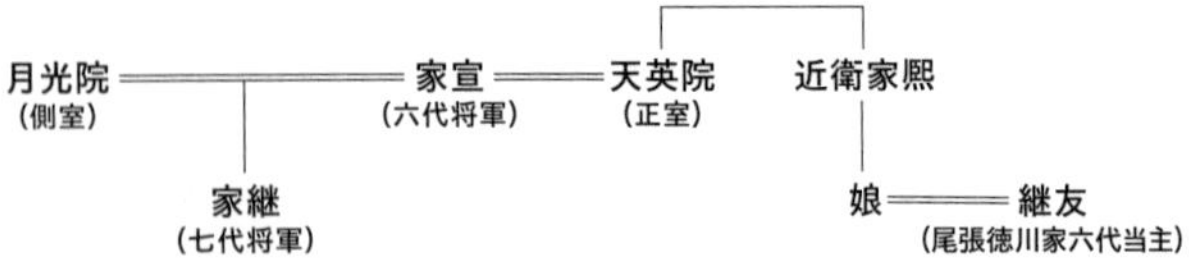

天英院の父は関白（後に太政大臣）・近衛基熙。将軍後継者問題は朝廷の思惑も絡み激化します。

て抹殺したのではないかとも考えられている。

もちろん、確たる証拠があるわけではなく、あくまで状況からの推察である。吉通は本当に饅頭の食中毒で死んだのかもしれない。食べ物の保存技術や医療が現在に比べると未熟だった当時は、食中毒は珍しい死因ではなかった。現に吉通の父の尾張徳川家三代目当主・**綱誠**《つななり》も四十八歳の時に苺の食あたりで死亡している。い、苺……！

しかし将軍の控えになった途端の吉通・五郎太の相次ぐ急死というのは流石に不自然であり、人為的な思惑が働いた可能性も否定しきれないように思う。少なくとも、当時の人々は他殺を疑ったのだ。

とにもかくにも尾張徳川家六代目当主の座には継友が収まった。

そうこうしている間に七代将軍・徳川家継が肺炎にかかって危篤に。家継はまだ八歳で後継者になる男子はもちろんおらず、兄弟もことごとく早世していた。このままいけば徳川宗家の血統が途絶えるため、尾張徳川家当主の継友がスライドしていよいよ御三家初の将軍に……なるはずだったのだが、結論から言うとそうはならなかった。

八代目の将軍に選ばれたのは紀州徳川家の当主・**吉宗**だ。

状況を整理しよう。家継が病に伏せると次期将軍候補として御三家から尾張徳川家の継友（二十五歳）、紀州徳川家の吉宗（三十三歳）、水戸徳川家の**綱條**《つなえだ》（六十一歳）の三人の名前が挙がった。このうち綱條は高齢であったため除外され実質的な候補者は継友と吉宗の二人だった。

家格や家宣の遺言を考えれば継友が選ばれてしかるべきだが、それだけは避けたいと思っている人物がいた。六代将軍・家宣の側室で七代将軍・家継の生母の月光院である。

天英院が推す継友が将軍になれば自分の勢力は著しくそがれるだろう。このため、月光院は紀州徳川家当主としてすでに財政の健全化など大きな結果を出し名君の呼び声が高かった吉宗に幕閣を通じて接近して猛プッシュした。紀州徳川家の方も熱心なロビー活動をしており、天英院の父・近衛基熙《もとひろ》や、継承権争いからすでに離脱した綱條などの抱き込みに成功。水面下では圧倒的な支持票を集めていたとみられる。

そして吉宗支持の最大の援軍になったのが天英院だ。あれ……？　天英院は継友支持だったのでは⁇　血縁から考えればそのはずなのだが状況は刻一刻と変化する。完全に吉宗派優位のレース展開を目の当たりにして勝ち馬に乗り替えたのだろう。

天英院は吉宗に対し「(六代将軍・家宣の)遺言により貴方を後継者に指名します」と言って支持を表明した。あれ……? かつて家宣が遺言で指名したのは尾張徳川家の吉通だったはずでは!?!? 最早《もはや》そんなものはなかったことになっていた。状況は刻一刻と(以下略)。

こうして継友は後継者レースから敗退。家継の死去に伴い、御三家初となる紀州徳川家出身の八代将軍・吉宗が誕生したというわけである。

❖ド派手な名古屋人・宗春《むねはる》

将軍になり損ねた男・継友は三十九歳の時に麻疹《はしか》にかかり死去。継友に後継者がいなかったため、異母弟の通春《みちはる》が七代目当主となった。通春は尾張徳川家当主として八代将軍・徳川吉宗と対面し、吉宗の宗字の偏諱《へんき》を賜り**宗春**と改名する。

宗春の個性を一言でいうと派手好み。芸能や娯楽を愛し、芝居や遊郭を名古屋に誘致し、祭りを奨励したため、城下町は大変な賑わいを見せた。また自らお気に入りの牛に乗り、長さ二間(三・六メートル)の長煙管《ながきせる》とべっ甲で作った唐人笠《とうじんがさ》を被り、着飾ったお供をつれて町を練り歩いたという。

金の鯱や、初代当主・義直の正室春姫のお輿入れなどが派手好きな名古屋人気質の萌芽《ほうが》とするなら、開花させたのはこの宗春といえよう。

また宗春は享保十六年（一七三一年）『温知政要』という書物に自身の政治理念を書き記して家臣に公表している。二十一カ条からなる長い文章で、全体としては「俺は仁政を行う、みんな聞いてくれ」というアツい所信表明演説のような内容なのだが、特筆すべきユニークな点があるので意訳してざっくりとご紹介しよう。

・はじめは賢君とたたえられても長く続いたためしはない

・人には好みがあるから自分の好みを人に押しつけてはいけない。思いやりが大事

・守るべき法が多すぎるのはよくない。人を萎縮させる

・倹約のし過ぎは庶民を苦しめる。生産者への締め付けが粗悪なものを生み出しかえって出費が増える

・経済が衰退している時は芸能や相撲などの娯楽の興行を積極的に許可するべき

・人件費を浮かせるために必要な人数を削ればいざという時に人手不足となって緊急対応ができない。普段は無駄に思えても人数に余裕をもって雇っておかなければ人命を危険にさらすことになる

徳川宗春像（名古屋市内にて著者撮影）

繁華街の交差点の金色のポストの上に宗春フィギュアが！ 今も地元・名古屋で愛されてます。

・社会の変革は時間をかけて行うべきである
・改革することばかりがよいとは限らない。一人で考えるのではなく大勢の知恵を借りるべきだ

　このように権力者に対する戒めや、行き過ぎた法による支配の否定、芸能・娯楽の奨励に言及し、過度な倹約や改革の悪弊《あくへい》を指摘している。これを読んだ当時の人は「宗春、度胸あるな」と思ったことだろう。

　なぜなら、この『温知政要』が発表されたのは、賢君の呼び声高い八代将軍・徳川吉宗による享保の改革の真っただ中。幕府の財政を健全化するため、綱紀

粛正・質素倹約を掲げ、また公事方御定書きなどによる法整備に取り組んでいる、まさにその時だったからだ。

享保の改革は財政の健全化という面ではおおむね成功し、幕府は大幅な黒字を計上するまでになっていた。しかし、綱紀粛正・質素倹約の名のもとに庶民の娯楽が大幅に規制されたため、大衆の支持は思うほど得られていなかった。

宗春は幕府直轄の江戸、京都、大坂といった大都市からはじき出された芸能や娯楽産業の関係者を名古屋に受け入れた。そして城下での興行や商売を容認したため「名古屋の繁華に京（興）がさめた」と言われるほどの活況を呈《てい》し、町人の経済は活性化。大衆からの人気はうなぎのぼりとなった。

加えて享保の改革とは真逆の価値観を打ち出した『温知政要』の発表である。

宗春は吉宗に享保の改革の成功面だけではなくマイナス面にも目を向けさせようとしたのだろうか？ それとも単純に喧嘩を売ろうとしていたのだろうか？

真意はわからないが、吉宗は「喧嘩を売られてるな」と感じたらしい。『温知政要』発表の翌年には江戸の尾張徳川家屋敷に使者を派遣して、宗春の行き過ぎた派手好きによる素行不良や倹約令違反などの不行跡《ふぎょうせき》について「天下（徳川宗家）に続く三家」として恥ずかしくないよう改めるようにと厳重注意を促した。

宗春は陳謝の姿勢をとりつつも「御三家とはそもそも徳川宗家、尾張徳川家、紀州徳川家の三家を指すというのが家康公のお考えであったと聞く」という持論を展開。つまり徳川宗家と尾張徳川家は同格であるという見解を示したうえで吉宗の注意にことごとく反論した。これをもって両家の関係は急激に冷え込む。

この状況を受け、徳川宗家と尾張徳川家当主の宗春の板挟みとなった尾張徳川家の家臣たちは、徐々に将軍・吉宗にすりよるようになっていった。

このまま吉宗vs.宗春の対立が続いたとして、尾張徳川家が勝てる見込みはない。最悪の場合、お家お取り潰しとなるだろう。さらに急激な規制緩和の影響で名古屋城下の治安は乱れ、行政が混乱。散財による財政赤字も激増していたからだ。

こうして尾張徳川家の家臣がクーデターを起こし、ついに元文四年（一七三九）、吉宗が宗春の隠居・謹慎を命じることで吉宗vs.宗春の対立に終止符が打たれた。

御三家現役当主としては異例の厳罰処分に吉宗の憎悪が表れている。尾張徳川家では幕末まで宗春の墓に金網《かなあみ》をかけ、幕府に恭順の姿勢を示した。

余談だが、宗春の「御三家とはそもそも徳川宗家、尾張徳川家、紀州徳川家の三家」という持論は決して彼のみの思い込みというわけではない。

例えば『南紀徳川史』（明治時代になってから編纂された紀州徳川家歴代当主の公式記録）に

も「尾州大納言義直・紀州大納言頼宣両人は、将軍家とともに三家と定まり」とある。

先に述べたように御三家は家康の徳川一門創設の構想から時間をかけて徐々に形作られ、概念として定着したものであり「御三家とはこの家である」という明確な定義があったわけではないから、こういった解釈も存在したということだ。

❖家康の秘蔵っ子！　紀州徳川家初代当主・頼宣

紀州和歌山は江戸と京都・大坂を結ぶ海上物流の要衝なのはもちろん、〝木国《きのくに》〟と称されたというほどに森林資源が豊富な土地柄である。

紀伊山地に水源のある川の多くは紀州徳川家の領地に河口があり、川を伝って運ばれた材木が海運を使って江戸や京都・大坂といった大都市に運ばれた。当時の建築資材はそのほとんどが材木である。

さらに、主な燃料は木炭である。木はつまり最重要資源であり、その木の供給源だった紀州和歌山は江戸時代を通じて大いに栄え、全国有数の大都市に成長した。

この紀州発展の礎を築いたのが紀州徳川家初代当主・頼宣である。頼宣は慶長七年（一六〇二）に生まれた。家康六十一歳の時の子供だ。

家康は九男・義直を可愛がったが、それに輪をかけて可愛がったのが十男の頼宣だった。

紀州徳川家の領国

(『徳川一族500年史』をもとに作成)

自然豊かで都会的イメージは薄い和歌山県。しかし江戸時代には全国有数の大都市として発展しました。

はじめ五男・信吉の遺領の水戸に封じたが、後に家康自身の拠点である駿府を含む駿河&遠江&東三河に転封していることからもその寵愛ぶりがうかがえる。秘蔵っ子と言っていいだろう。

ただ、決してベタベタに甘やかして育てたわけではない。『東照宮御実紀』によると、

家康は頼宣がまだ幼いころから狩りに同行させて一人で馬に乗せた。さすがに危ないので大人たちが手を出して世話をやいたが、家康は

「そんな臆病でどうする！　他人の手を借りずに一人で乗れ」と言った。

別の日にもまた馬に乗せ、今度は小川を飛び越えてみよと言った。

頼宣は前回のことを恥ずかしく思っていたので思い切って飛び越えようとしたが、落馬して水中に落ちてしまった。

ただ家康はあらかじめ川底に網を敷いておいたので、すぐに近臣たちが引き上げて事なきを得た。

という。また同書には頼宣が十四歳で迎えた大坂夏の陣の時のこんなエピソードも。

頼宣は先陣を希望したが望みが叶わず号泣して悔しがった。松平正綱《まさつな》（家康の家臣から長澤松平の分家の養子となり、大河内松平の家祖になった人）は
「まだお若いのですから、この先いくらでもご活躍の機会はありますよ。そんなにお嘆きになられますな」

と慰めたが、頼宣は顔色を変えて正綱をキッと睨みつけ
「十四歳の今日は二度と来ない！」

と言い放った。これを聞いた家康は感激して

「頼宣よ、今の一言こそ戦に出て手柄を立てるより名誉であるぞ」

と褒めたたえ、その場にいる人たちも感嘆しきりであった。

（多少の親バカ感は否めないが）家康は頼宣のこういう負けん気の強い性格を愛してその将来性に期待をかけた。江戸に拠点を持つ徳川宗家とは別に、大御所として駿河に拠点を持つ自身の権力の継承者として育てようとしていたのかもしれない。

しかしこれは他の兄弟たち、とりわけ徳川将軍家にしてみれば脅威以外の何物でもなかった。家康の死後、兄である二代将軍秀忠が頼宣を家康の地盤であった駿河＆遠江＆東三河から紀州和歌山に転封させたのも牽制の意味合いがあってのことと考えられる。

ただその存在感が色あせることはなかった。頼宣にとって甥にあたる三代将軍・徳川家光が亡くなると、慶安四年（一六五一）家光の嫡男・家綱が跡を継いで四代将軍となるのだが、家綱はこの時まだ十一歳という幼さだった。この時すでに頼宣の兄の尾張徳川家初代当主・義直は死去していたため、五十歳の頼宣が御三家の最長老として幼少の宗家当主を支えることになったのだ。その権威は絶大だった。

それを利用されたのが家綱の将軍就任の同年に勃発した由比正雪《ゆいしょうせつ》の乱である。

徳川の治世に不満を持つ軍学者・由井正雪は、幼少の家綱が四代将軍になった隙をついて幕府の転覆を謀った。計画が実行に移される前に情報が漏洩したために、乱は未然に鎮圧。首謀者である由比正雪は自刃したが、遺品の中からなんと頼宣が乱を先導していたことを示唆する書類が発見された。

『大君言行録』（近臣が頼宣の言行を回顧して記した書。江戸中期の著作と推定）によると、この時幕閣は頼宣を江戸城に呼び出して屈強な兵士数十人を控えさせ、いざとなったら頼宣を捕らえる準備をしたうえで、尾張徳川家当主の**光友**《みつとも》、水戸徳川家の頼房らも列席のうえ、証拠文書を出して詰問した。それを受けて頼宣は

「これは目出たいことである」

と答え人々の意表をつく。頼宣は、正雪がもし外様大名の名を出して謀反を計画したというのなら疑惑も生じるだろうが、徳川宗家に謀反を起こすなど絶対にありえない自分の名前を出しているようなら天下は安泰だ。もし将軍の疑いが晴れないようならいつでも国を返上する、と言ったというのだ。

何とも豪胆な話である。結局、正雪が所持していた頼宣謀反の証拠書類は偽書であり、正雪自身が謀反参加者を募るために頼宣の名を借りたことを自白していたため疑いは晴れ

た。

しかしやはり幕閣にとって脅威を感じる存在ではあったのだろう。この事件の後「江戸で家綱の補佐をしてほしい」という名目で、頼宣の紀州への帰国は十年もの間、認められなかった。

ただ頼宣本人には徳川宗家に取って代わろうという野心はなかったと見え、幕政に積極的に関与した痕跡はほとんどない。むしろ、領国の紀州和歌山の開発に熱心であった。

頼宣の紀州徳川家当主としての領国経営の手腕は確かなもので、和歌山城を拠点に城下町を整備して日本有数の大都市に成長させ、領民の道徳教育にも力を入れた。

そしてある特産品を作った。ミカンである。

紀州和歌山は山や森林が多く材木の産地であるというメリットがある一方で、平地が少なく米の生産量が限られるというデメリットがあり、農民たちは苦しい生活を強いられていた。

そこで、頼宣は、米以外の様々な産業を奨励。そのうちの一つがミカン栽培であった。当時は、ミカンは日本の中でも限られた場所でしか育てられていないマイナーな果物だった。

しかし頼宣は、ミカンが温暖な気候と水はけの良い傾斜地で育つことを知ると、平地の少ない紀州ならではの特産品としてミカン栽培を奨励。「蜜柑方」という役職を作って生産業者から役人を出させ、紀州徳川家で正式に任命する半官半民の経営体制を作った。役人には名字帯刀を許し、蜜柑船には「御用」の提灯を掲げさせて御三家の威光を最大限に活用。紀州徳川家の蜜柑船が通る時には他の帆船は海路を譲るほどだったという。

こうして紀州ミカンをブランド化し、全国にその名を轟《とどろ》かせることに成功したのだ。

つくづく有能な殿様である。

❖吉宗、ついに御三家初の将軍に！

頼宣が病気を理由に隠居すると二代目は嫡男の**光貞**《みつさだ》が継いだ。光貞はお湯殿の世話をしていた農民の娘に手を付けて四男が生まれた。これが後の八代将軍・徳川吉宗だ。

『有徳院殿御実紀』（徳川幕府による吉宗の公式記録。諸記録をもとに江戸時代後期に編纂）には幼少期から大器の片鱗がうかがえるエピソードが収録されている。

ある時、光貞公がご子息たちの前に刀の鍔《つば》を入れた箱を置き「好きなものを持っていって良いぞ」といった。

それぞれ好みのものを選んだが、公（吉宗の事）だけは一言もしゃべらず手も出さな

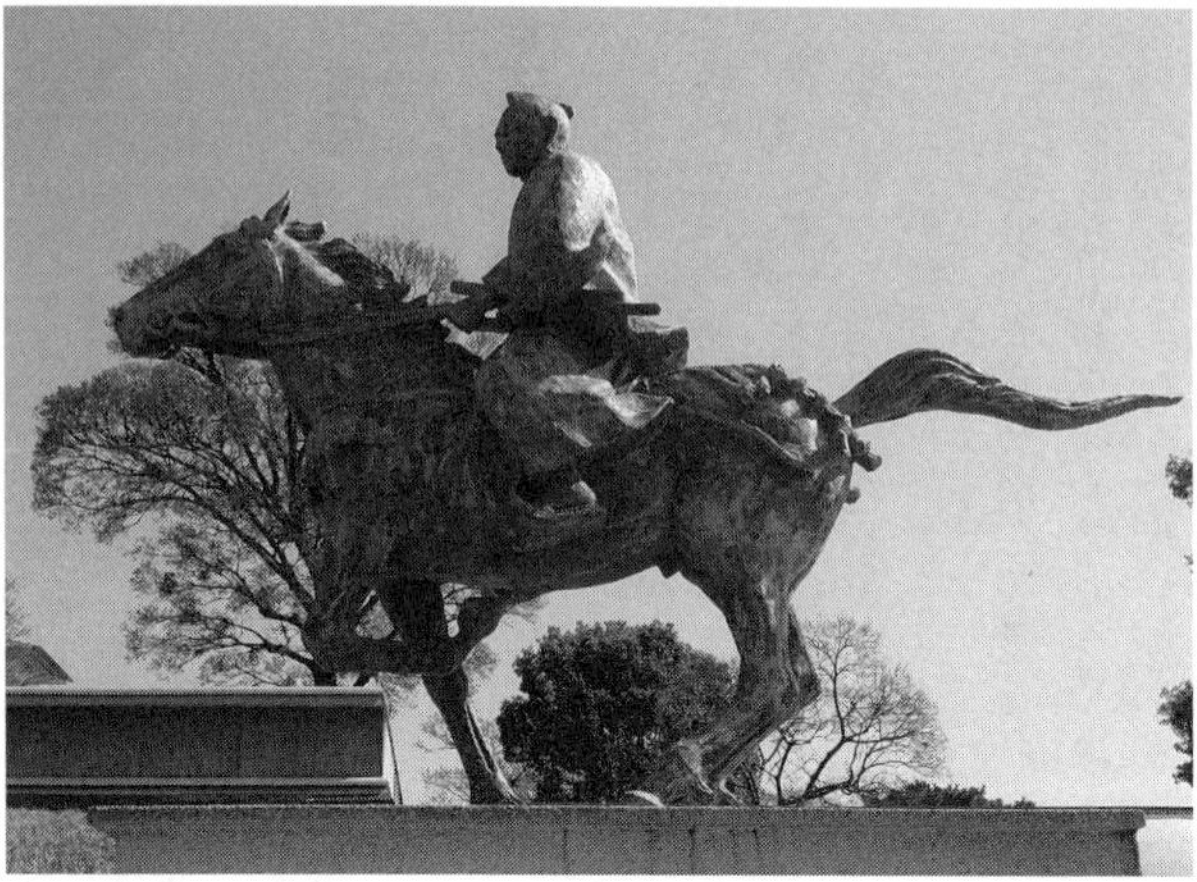

徳川吉宗像（和歌山市にて著者撮影）

吉宗は大の馬好き。当時の日本の馬は小型だったので、洋馬を輸入して品種改良に取り組みました。

かった。光貞公が怪しんでなぜ一言もしゃべらないのかと尋ねたところ、公は控えめにこういった。

「私は兄たちが好きなものを持って行った後に、残ったものを箱ごといただきたく思っておりましたので何も申さずにおりました」

光貞公はこれを聞いて微笑まれ、子供とは思えない肝の太さで行く末が楽しみであると、望み通り残ったものをすべてお与えになった。

公はそれを持って帰ると、その鍔の中から二つづつを選び、全ておつきの者たちに分け与えた。

見上げた親分肌である。

しかし四男なうえに母親の身分も低かったので、十四歳で越前国丹生《にう》（福井県丹生郡）三万石を与えられると、これで出世は頭打ちだと本人も周囲も思っていた。

ただ二十二歳の時に父が、さらに三代目、四代目を継いだ兄たちも相次いで亡くなり、あれよあれよという間に紀州徳川家の五代目当主となったのである。

しかしこの時の紀州徳川家は、莫大な借金を抱えていた。

初代当主の頼宣は押しも押されもせぬ名君であったが、「御三家の長老」としての権威を維持するためにかかる費用は莫大で、二代目の光貞に代替わりするころには家康の遺産はほぼ使い果たしていた。

また、二代目当主・光貞の嫡男の**綱教**《つなのり》は五代将軍・綱吉の娘を正室に迎えた。徳川宗家との血縁がより深まる名誉な縁組ではあったが、将軍の娘のお輿入れに伴う経費に加え、綱吉の紀州徳川家江戸屋敷への御成りに伴う改修費や接待費といった臨時出費はかさみ続けた。綱吉には男子の後継者がおらず、転がり方によっては綱吉の娘婿の綱教が将軍になる可能性もあったため、費用をケチることはできなかった。

さらに江戸屋敷が火事で何度も全焼してその都度建て替え費用がかかり、これに父と兄たちの葬儀費用も加算。気がつけば幕府からの借金は十万両（およそ百億円）以上に膨れ上がっていた。さらに大干ばつや南海トラフ型の大地震による甚大な津波被害といった自然災害が紀州領内を襲ったのである。

吉宗は当主に就任すると、早速財政の健全化政策に取り組んだ。スローガンは〝質素倹約〟。まず坊主・手代・小役人など八十人や多数の奥女中をリストラし、家臣には二十分の一の差上金（家臣から給料を返納させること。この場合は実質五パーセントの減給にあたる）を課した。

また当主となって初のお国入りの際には、小倉織の袴《はかま》と木綿の羽織《はおり》という現代だとジーンズにカジュアルジャケットというイメージのラフなファッションで自ら質素倹約に努めていることをアピール。城下に役人を巡回させて庶民の服装が華美にならぬよう徹底させ、家臣たちの生活も監視した。

さらに身分を問わず優秀な人材は積極的に登用し、優秀な農民を取り立てて新田開発や用水工事を行わせて年貢収益を上げることに成功。

この結果、十二年の間に幕府への借金を返しさらに十四万両以上の貯金ができるまでに財政が回復したのだ。その名声は全国に轟いた。

こうした紀州の財政を立て直した実績が、御三家の序列を超えた八代将軍就任への追い風になったことは想像に難《かた》くない。

将軍になってからは紀州徳川家当主時代の財政健全化の成功体験を活かして享保の改革

を主導。破綻寸前だった幕府の財政を立て直したことは広く知られている通りである。

そんな吉宗の、ある人物への心酔ぶりには目を見張るものがある。徳川家康だ。

吉宗は家康の百八十回目の誕生日を祝ったり、百三十回忌大法会を主催した。

またあれだけ質素倹約を徹底しながら、莫大な経費がかかるために休止されていた日光社参（徳川将軍が家康の墓がある日光東照宮へお参りすること）をしれっと復活。家康の月命日には江戸城の紅葉山東照宮への参拝は欠かさず、もちろん雨天決行。前日は一睡もせずに正座して家康の逸話を夜通し語り明かしたという。

また一説には身長六尺（約百八十二センチ）を超えるとも伝わるほど体格に恵まれた吉宗だが、本人の自慢は「福耳なのが家康にそっくりなこと」だったらしい。

もはや家康信者といっていい傾倒ぶりだ。これはもちろん、幕府を開いた家康の政治家としての手腕をリスペクトする思いが強かったからというのが理由の一つだろう。享保の改革は「諸事権現様（家康）の御定め通り」、つまり、家康時代への回帰をモットーに行われた。

家康は吝嗇《りんしょく》と言われるほどの倹約家だったことで知られ、質素倹約を掲げて改革を進める吉宗にとってまさに手本となる存在であった。

だがそれと同程度に、いやもしかするとそれ以上に血統的な理由も大きかったのではないか。類いまれなるリーダーシップを発揮して歴史にその名を刻む八代将軍・吉宗だが、史上初めて御三家の、しかも庶子から宗家入りして将軍になったという出自に負い目を感じることもあっただろう。

「自分の曾祖父は神君・徳川家康公だ。自分は確かに家康公の血統に連なっているのだ」という事実が、彼の将軍としてのアイデンティティを保つ大きなよりどころになっていたのかもしれない。

❖頼宣、吉宗の再来？ 家茂《いえもち》がイイ人すぎる！

紀州徳川家当主からは吉宗のほかにもう一人、将軍が出ている。十四代将軍・徳川**家茂**だ。

家茂は弘化三年（一八四六）に紀州徳川家十一代当主・**斉順**《なりゆき》の嫡男として江戸屋敷で生まれた。斉順の父は十一代将軍の徳川**家斉**《いえなり》。つまり家茂は十一代将軍・家斉の孫であった。

父は家茂が生まれる前に亡くなり、十二代当主は叔父の**斉彊**《なりかつ》が継いだがこれもすぐに亡くなったため、四歳にして紀州徳川家の十三代当主となった。

彼はとても心優しい性格であった。『南紀徳川史』には幼少期のこのようなエピソードが収録されている。

御庭奉行で柔術頭取の池端善作になつき、よく膝から頭によじ登って禿げた頭のにおいをクンクンかいで
「善作の頭は樽柿※のにおいがする」

といってはお戯れになっていた。

ある時、善作が御側衆と柔術の稽古をつけ受け身をとって立ち上がろうとした時に、誤って見学していた家茂の手を踏んづけてしまった。善作は飛び上がって平伏したが、家茂は平静を装って
「何ともなし」

といった。しかし善作が顔を上げると、両目からバラバラバラバラと大粒の涙がこぼれていた。

大男の善作が小さな家茂の手を踏んづけたのだから、砕けるばかりの痛さであったに違いない。しかし、善作の罪にならないようにと皆の前では我慢したのだった。

善作はこのことを帰宅して家族に話し「この君のためなら命を捨てるのも惜しくない」と号泣したという。

※樽柿……酒で渋抜きをした甘い柿。家茂は甘いものが大好物だった。善

家茂はこのような抜群の性格の良さで誰からも愛された。真面目で学問や武芸にも熱心に取り組んだため、家茂を知る人々は「南龍公（頼宣のこと）の再来」「享保度（吉宗のこと）の面影あり」と将来を嘱望した。

そのような中で起こったのが徳川宗家の将軍継嗣問題である。

十三代将軍・**家定**《いえさだ》は生来の病弱で子供ができる見込みが立たなかったため、十四代将軍候補を選ぶことになった。候補者は御三家紀州徳川家の家茂と、同じく御三家水戸徳川家出身で御三卿一橋家の当主となった**慶喜**の二人に絞られ、それぞれ南紀派と一橋派という派閥を形成し壮絶な擁立合戦が繰り広げられた。

最終的に八代将軍・吉宗の血統に連なり、十一代将軍の孫であり、十二代将軍の甥であり、十三代将軍の従弟である家茂が、徳川宗家との〝血統〟の近さを理由に競り勝ち、安政五年（一八五八）十四代将軍に就任した。この時、家茂は十三歳であった。

若すぎる将軍という印象もあるが、若いからこそ時代の変化を受け入れ柔軟に対応することができたという一面もある。それは勝海舟との関係によく表れていると思う。

下級の幕臣の勝海舟を抜擢し、重要ポストに据えて重用したのは家茂であった。

将軍継嗣問題関係図

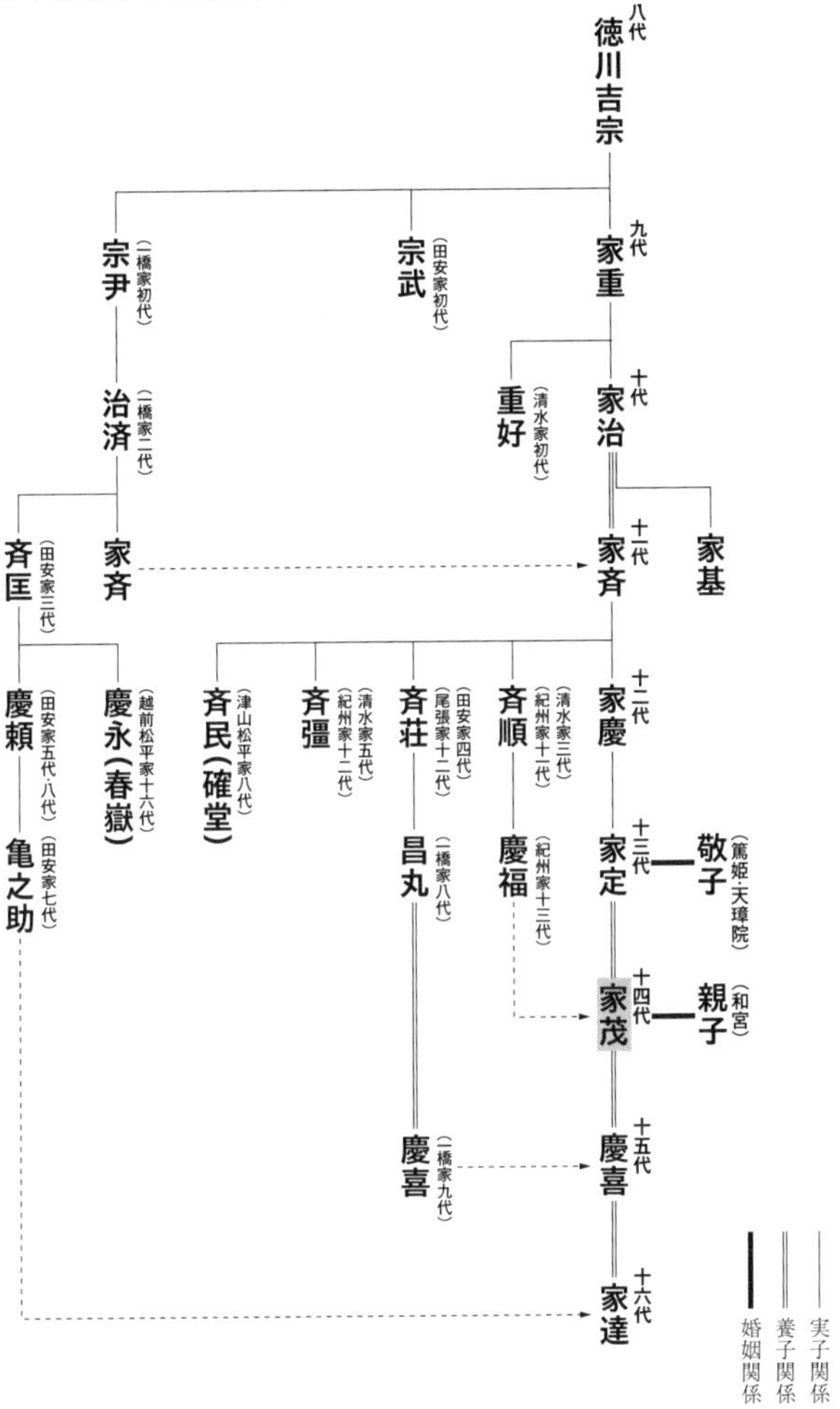

十四代将軍の座を巡る後継者争い。南紀派と一橋派のし烈な擁立合戦の末、紀州徳川家当主の家茂が将軍に。

例えば勝海舟は家茂の京都上洛の際に軍艦を使った海路上洛を主張した。陸路上洛に比べて時間もコストも大幅にカットできるうえに、海上であれば行軍中に襲われる危険性も少ないからだ。

しかし当時の幕閣や大奥では西洋式の軍艦に対する安全性を疑問視する声が根強かったため、最初の上洛では陸路上洛が選択された。

しかし次の上洛は海路上洛となり、海舟が指揮を任されたのだ。途中、海が荒れて海舟への批判が噴出する事態となったが、その時は家茂が「海のことは勝に任せている。他の者は口を出さないように」と言って海舟をかばった。海舟の方も家茂の人柄に心酔し「お若いのに真の名君の気概がおありになる」と手放しで絶賛している。

二人の強い信頼関係は勝海舟の建言した神戸海軍操練所の開設にも表れている。海舟は全国から優秀な人材を集め「一大共有の海局」、つまり幕府、諸侯、諸士といった垣根を超えた日本国のための海軍養成機関の創設を目指すべきだと家茂に説いた。幕府単独の権力強化を志向する保守的な幕閣はこれに反対したが、家茂はその必要性をすぐに理解してこれを了承。ここから坂本龍馬、陸奥宗光といった人材が育った。

家茂はこのように何が後の日本国のために必要なのかを見極めて決断を下し、将軍としての責務を果たそうとした。

勝海舟ら将軍に仕える幕臣たちにはもちろん、諸大名に対しても、正室として迎えた皇女・和宮に対しても、和宮の兄の孝明天皇に対しても、諸外国に対してでさえ誠実に向き合い、沈まんとする幕府の舵を取りつづけた。このような真摯な姿を見て、徳川の家臣や大奥はもちろん、諸侯や朝廷さえもこの人物ならばと期待をかけた。

しかしその想像を絶するプレッシャーは家茂の心身の健康を徐々にむしばんでゆき、長州征伐の陣中の大坂城で倒れ、脚気衝心《かっけしょうしん》のため間もなく死亡した。享年二十一。家茂急死の訃報に触れた勝海舟は「徳川氏は今日滅亡した」と思ったという。

❖末っ子気質大爆発！ 水戸徳川家初代当主・頼房

かつて常陸国《ひたちのくに》（茨城県北東部）より北は陸奥国《むつのくに》＝奥州《おうしゅう》と認識されていた。奥州には津軽家、南部家、伊達家といった外様の有力大名がひしめいている。こういった勢力が、幕府に反旗を翻した際に防波堤となることを期待された地域が水戸だ。

ただし水戸はもともと佐竹家が四百年以上にわたって統治しており強い勢力を持っていた。佐竹家は水戸から出羽《でわ》へ国替えとなったものの、その残党は依然として水戸に残っている状態であった。

このため家康は、佐竹家時代の残存勢力の動きを抑えつつ、江戸防衛の重要拠点として整備するべく、水戸に息子たちを配置。はじめ、五男・信吉を、信吉が亡くなると十男・頼宣を入れることとした。しかし頼宣が駿河&遠江&三河に転封となったため、常陸国下妻十万石を与えられていた十一男の頼房にお鉢がまわってきたのである。

頼房は家康が六十二歳で征夷大将軍になった年、慶長八年（一六〇三）に生まれた。幼少期から末っ子気質を爆発させ、他の兄弟たちに対するライバル意識は強烈だった。『水戸紀年』（江戸時代後期に編纂された、歴代水戸徳川家当主の公式記録）には、頼房が十一歳の時の逸話として次のようなものがある。

家康が息子たちに「何か欲しいものがあるか」と聞いたところ、頼房は「多くの家臣が欲しい」といった。家康がそれはなぜかと聞くと「私は天下を知るべきだから」と答えたため、周囲のものは皆愕然《がくぜん》とした。

またある時、家康が息子たちをつれて天守にあがり「誰かここから飛びおりられるものがあるか」と聞いたところ、頼房が「私が飛びおります。かわりに好きなもの（天下）を下さい」といった。家康が「それはいいが飛び降りればお前は死ぬぞ」というと「たとえ死んでも一度天下を取ったということになれば名は後世まで残ります」と頼房が答えたので、家康はこれは大変奇なことだと思った。

水戸徳川家の領国（享和2年〈1802〉）

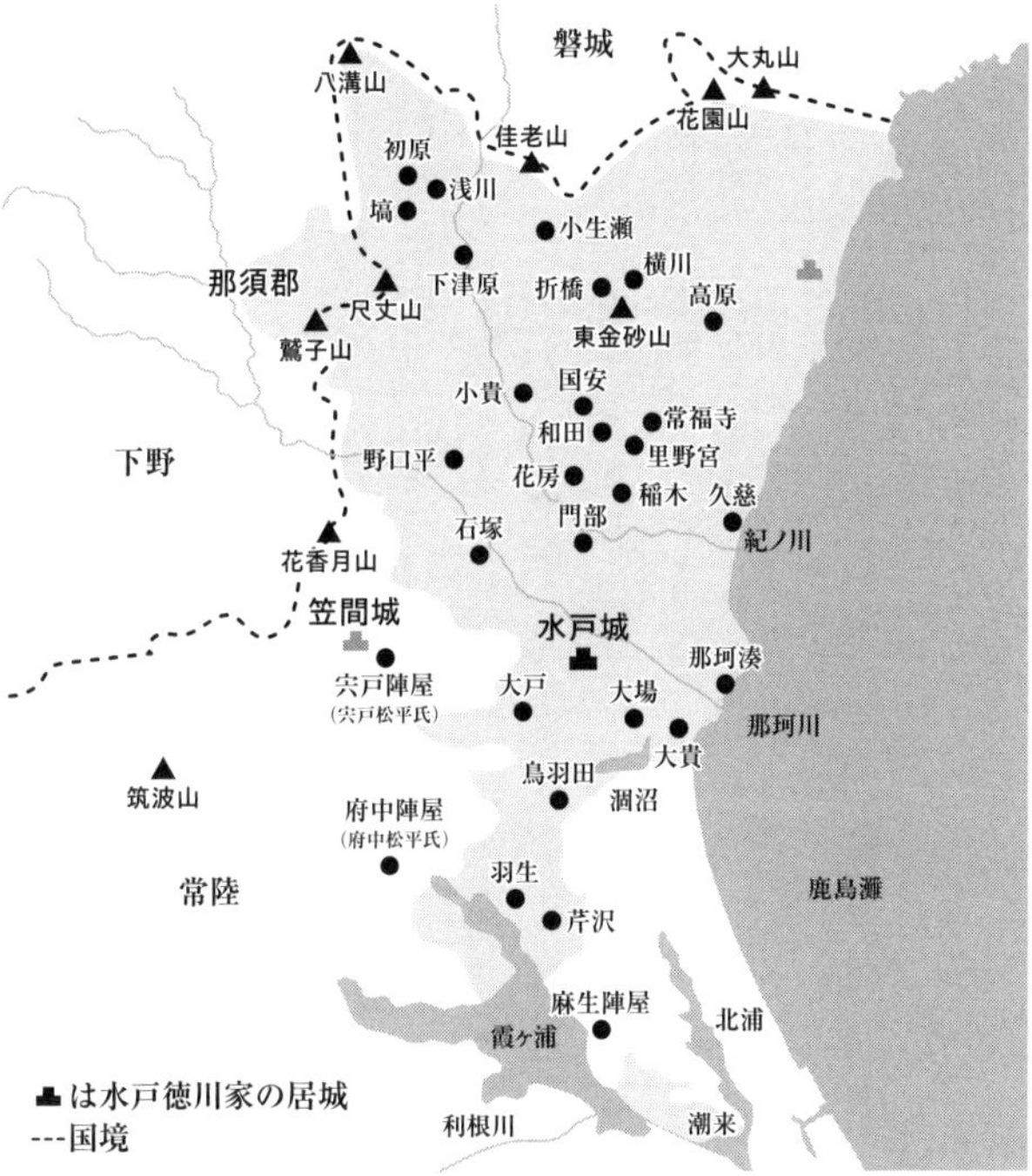

（『徳川一族500年史』をもとに作成）

江戸からおよそ110キロの距離に位置する水戸。街道はほぼ直線で道も平坦なので往来しやすい場所でした。

とんでもない上昇志向の強さである。いかに将軍の息子とはいえ「天下」を口にするのはかなり不遜《ふそん》だ。家康は末っ子らしい我儘《わがまま》として受け止めたのか罰することはなかった。

しかし『義公遺事』によると、家康は徳川宗家の当主には「(頼房は)短刀だと思って秘蔵すべし。鞘《さや》ばしらぬよう気をつけよ」と伝えていたというから、自己主張が強すぎる性格を危険視していたとみるべきだろう。そのせいか尾張徳川家の義直、紀州徳川家の頼宣ほどには、頼房の領地や官位を引き上げていない。

頼房は、成人すると素行も荒れ、梅花皮鮫《かいらぎざめ》の鞘(梅の花のような凹凸の先に棘があるエイの肌を使った派手な鞘)に納めた長刀に金の鍔を付け、衣類には紅裏を仕込む派手な不良ファッションを好むようになった。これには江戸中が眉を顰《ひそ》めたという。

家臣が命がけで諫言して非行はようやく収まったが、クセの強い性格は健在だった。

ただ、三代将軍・家光とは妙に馬があったらしい。

頼房にとって家光は甥にあたるが、年齢はわずか一歳差である。家光は人間に対する好き嫌いが激しかったが、女装癖があり、流衣紋という着物の襟足を背中にぐっと抜いた不良っぽい服装を好むなどファッションにかなりのこだわりがあった。奇抜な着こなしを好む頼房に自分と近しいものを感じて好感触だったのかもしれない。

家光は実の弟の**忠長**と異常に仲が悪かった（二一一ページ参照）のでその反動もあってか、頼房のことを兄弟のように慕うようになっていった。家光は弟の忠長を改易処分にした後、次のような手紙を頼房宛に出している。

昨日申した通り、この先は万事のことを相談したいと思っている。その時は遠慮なく何でもいってくれれば満足である。その方のことは格別に頼りに思っている。心の中に思っていることをすべて相談したい。実の兄弟はまるで役に立たない。これからはその方を兄弟同然に思うから、そのつもりでいてほしい。

謹言

家光

水戸中納言殿へ

このように家光が実弟・忠長を毛嫌いし、代わりに叔父の頼房を引きたてた結果、水戸徳川家が尾張徳川家、紀州徳川家につぐ権威を有し、御三家の一角をなすようになったのだ。

頼房が家光の在世中はほとんど領地の水戸に戻らず、江戸を拠点としたことからもそのつながりの強さが知れよう。

こうした経緯もあり、歴代の水戸徳川家当主は参勤交代で国元には戻らず、江戸に定《じょう》府《ふ》して必要に応じて将軍の相談相手になるという独自のポジションを築き上げた。

❖歴史にハマって更生した光圀

頼房の指名により六歳の時に水戸徳川家の二代目になることが決まったのが**光圀**である。その翌年、光圀が七歳の時のこんなエピソードが『桃源遺事』(水戸徳川家に仕えた家臣らによる光圀の逸話集。光圀の没年に編纂)に記されている。

頼房は小石川の水戸徳川家の屋敷の近くにある桜馬場において罪人を斬首に処し、首をその場に放置させた。夜になると頼房は光圀の肝を試そうと、その首を取って来いと命じた。桜馬場は屋敷からは四町(およそ四百三十メートル)ほど西にあり、道は細くて水も流れ、木が生い茂っていた。昼であっても女子供などはたどり着かないところだったので、御前に仕える女中たちは甚だ恐ろしがって手を握りしめたが、光圀は少しもおびえた様子はなく出かけようと立ち上がった。

光圀は現場にたどり着き首を探し当てたが、幼少のため力が足りず、髻を摑んで引きずり、途中二、三回休んで屋敷に戻ってきた。頼房は満足して光圀に褒美の脇差を授けた。

また、同書および『井上玄桐筆記』（光圀没後間もなく書かれた光圀の主治医・井上玄桐による逸話集）には十二歳のころの話としてこんなエピソードもある。

隅田川に御成りになった時に、頼房が「この川を泳いで渡れるか」と聞いたところ光圀が「渡れます」と言ったので「では泳いでみろ」ということになった。

お供の者たちは万が一何かあったらどうするのですかと止めたが、頼房は「我が子ならば泳いで渡れるはずである。おぼれ死ぬような不器用者であれば生きていても仕方がない。早く泳げ」と言った。

光圀は対岸に向かって泳ぎ始めたが、その年は凶作だったので隅田川には沢山の餓死者の死体が浮いていた。押しのけても押しのけても死臭を放つ死体が体にあたるので、光圀は死体の下にもぐって泳ぎ、どうにか川の半ばまでやってきた。

すると泳ぎが得意な頼房も川に入り、立ち泳ぎをしながら「川はもう浅いぞ！　我の足はもう底についている」と励まして背泳ぎで岸まで先導し、光圀のふんどしを掴んで船の上に投げ入れた。

親子の交流を伝える逸話……としては、あまりにも猟奇的である。

そして光圀は思春期になると頼房の非行がかわいく思えるほどの超不良になった。

色白で背が高く、目が大きくて鼻筋が通った極めて美しい容姿で、馬術、水練など武芸にも秀でていたが、学問は好まなかった。十三歳ごろから十七歳ごろまでは素行がひどく荒れ、派手な着物を着て、脇差を前に突き出すように差して町を歩く姿などは、まるで蓮《はす》っ葉《ぱ》な傾奇者《かぶきもの》（斜に構え奇抜な格好や言動を好む者）だったという。

一人で長屋住まいの悪い仲間の家に遊びに行って下品なことや色好みな話に花を咲かせたし、吉原遊郭に出入りをして女遊びを繰り返した。これだけならまだかわいいものだが、度胸試しで人を斬り殺すような、若気の至りでは済まない悪事にまで手を染めるようになっていたらしい。このため世間では「水戸徳川家の行く末は暗い」と噂された。

家臣たちはお手上げ状態で光圀の改心を神仏に祈るしかなかったが、十八歳のある日、一冊の本を読んだことがきっかけで非行はぱったりと収まった。

その本は中国の歴史書『史記』のなかの伯夷伝。要約すると次のような物語である。

伯夷《はくい》と叔斉《しゆくせい》は孤竹国の王子である。王は、三男の叔斉を跡継ぎにしようと考えていた。王が亡くなった後、叔斉が王になることになったが、叔斉は長男の伯夷に王位を譲った。しかし長男の伯夷は父の言いつけだからと言ってこれを断り、国から出て行った。叔斉は、自分が王になることに納得せず、伯夷と叔斉の間の兄弟を王に立て、自分も兄の後を追って国から去った。

国を出た伯夷と叔斉は文王を頼って周へ向かったが、文王はすでに亡くなっており、文王の跡を継いだ武王が、暴君・紂王《ちゅうおう》と戦争を始めようとしていた。

伯夷と叔斉は、馬に乗って出陣しようとする武王に「紂王がどんなに非道な主君であっても戦をしかけるのは不忠だ」と言って諫めたが受け入れられなかった。

その後、紂王を討った武王が周王朝を建てたが、伯夷と叔斉は武王の行いを非難して、周のものを食べることを恥とし餓死して亡くなった。

つまり、お互いに譲り合って王にはならず、正義を貫いた兄弟の話だ。何故この話がそんなに光圀に響いたのかというと、自分の置かれている状況と重なったからだろう。

実は光圀は、頼房の三男なのだ。

頼房は生涯正室を迎えなかったが、側室との間に十一男十五女（！）を儲けた。二十歳の時に側室の久子が初めての子供を懐妊したが、頼房は久子の妊娠がわかった時点で堕胎《だたい》を命じる。

『水戸黄門』像（水戸駅前にて著者撮影）
光圀の側近で『大日本史』編纂を手伝った佐々介三郎と安積覚兵衛が、助さん格さんのモデル！

これは久子が江戸の水戸屋敷に仕える女中の子で、正式な側室ともいえないような女性だったので外聞を気にしたためとも、この時まだ三代将軍・家光にも、兄の義直にも頼宣にも子供が生まれていなかったので遠慮したためともいわれている。

生まれてきたのは男の子だった。後に高松松平家の祖となる**頼重**である。頼重は本来なら嫡男として育てられるべきところだが、父からは徹底的に疎《うと》まれ遠ざけられた。

同じ母親から生まれたのが光圀で、やはり頼房は妊娠が発覚した時点で堕胎を命じた。これは次男・亀丸を生み、寵愛した側室のお勝に遠慮してのことであったという。

このため光圀も家臣の子として育てられたが、亀丸が早世したため、六歳の光圀がなぜか長男の頼重を超えて後継者に指名されたのだった。

自分という命があるのは父親のお陰であるが、その父親によって生まれる前に命が消されていたかもしれなかったこと。本来嫡男となるべき兄の頼重を差し置いて自身が後継者に指名されたこと。思春期の光圀が非行に走ったのは、こうした父・頼房の理不尽に振り回される、特殊な家庭環境で育ったことが大いに影響している。

しかし『史記』を読んで、歴史上には自分と同じような境遇に思い悩んだ兄弟がいて、正義を貫いて生きたということを知って感銘を受け、すっかり更生。

光圀は、水戸徳川家二代目当主となると城下町に上水道を通し、貧民救済、殖産興業に取り組んだ。また、五代将軍・綱吉による生類憐みの令には批判的な態度を貫くなど、徳川宗家にも物申せる存在として水戸徳川家の存在感を示した。

中でも偉業と言えるのが、『大日本史』の編纂事業である。『史記』に感銘を受けた経験から、日本にも『史記』のような後世に残る歴史書を作ろうとしたのだ。編纂事業は光圀の死後も二百数十年つづけられ、完成したのは明治時代後期だった。

『大日本史』の根底には尊皇思想が流れており、編纂に携わった学者たちは儒教や神道や国学などを統合した水戸学派を形成し、幕末の尊王攘夷論に大きな影響を与えた。

❖十五代将軍徳川慶喜のモー烈お父さん・斉昭

水戸徳川家歴代当主は儒教を尊び、亡くなると中国風の諡号《しごう》が送られた。九代目当主・**斉昭**《なりあき》の諡号は烈公。その名の通り強烈な個性の持ち主だ。

水戸は太平洋に面した海岸線を持っており、江戸時代後期には海上に外国船が頻繁に現れるようになっていた。文政七年（一八二四）には実際にイギリスの捕鯨《ほげい》船の船員が上陸する騒動が起こっており、全国の中でもいち早く海防意識が高まりをみせた。

こうした中で九代目当主になったのが斉昭である。

斉昭は水戸徳川家の江戸定府という慣例にとらわれず何度も水戸に出向いて藩政改革を主導。人材育成のために日本最大規模の藩校・弘道館《こうどうかん》を建て、民と偕《とも》に楽しむ場・偕楽園を作ったことで名高い。さらに力を入れたのが軍事改革だった。

追鳥狩という狩猟形式で行う大規模軍事調練を実施。神社仏閣の鐘や仏像を集めて鋳砲所で溶かして自前の大砲を作るなど、もし欧米列強に攻めてこられたら攘夷（外国を追い払うこと）を実行するために準備をドンドン進めてゆく。

しかしあまりに急激な軍事拡張政策だったため幕府からは危険視され、十代目の家督を嫡男・慶篤《よしあつ》に譲ったうえで隠居謹慎処分を申し渡された。

しかし二年ほどで謹慎が解かれると幕府に海防意見を出し続け、嘉永六年（一八五三）の黒船来航を機に海防参与として招聘《しょうへい》され、幕府の対外軍事政策顧問のような立場に返り咲いた。転んでもただでは起きない行動力、さすが烈公である。

また、斉昭といえば十五代将軍・慶喜の父としても知られている。斉昭は二十二男十五女（！）という子宝に恵まれ、特に「天晴名将になる」と期待をかけて育てたのが七男の慶喜だ。

慶喜は幼いころから抜群に賢かったが、剛情《ごうじょう》で人を馬鹿にするところがあった。慶喜の寝相《ねぞう》が悪いのを矯正するため斉昭が侍女に命じて枕の両側に剃刀《かみそり》を置いたことがあったが「どうせ寝た後に取り除くんだろ」と高をくくったというエピソードも残る。ただ斉昭の方も負けていない。慶喜の傲慢を見過ごさず、いうことを聞かなければ灸をすえたり座敷牢に閉じ込めるスパルタ教育ぶりであった。

しかしこの厳しさは愛情の裏返しだ。斉昭は慶喜の「利発」さや「英名」ぶりを幕閣に売り込んで御三卿の一橋家を相続させることに成功したが、慶喜が一橋家に入った十一歳から二十二歳までの間に送った手紙が百二十五通も確認されている。

例えば一橋家の相続が決まった直後には〝灌水伝〟と題する手紙で斉昭式湯あみ法を伝

授。清潔な水で湯あみをして体を洗うように指導し、緩みにくいふんどしの締め方や、痔になりにくいお尻の洗い方など、絵入りで丁寧に説明している。

別の手紙では、

健康にはくれぐれも気をつけなさい。最近は溜飲（胸やけや、胸のつかえ感の事。慶喜の持病）の具合はどうですか。前から言っているように毎朝黒豆を百粒食べて牛乳を飲みなさい。湯茶や果物などは飲まないように。

とある。医学的根拠は不明だが、日常生活や健康を気遣う内容には、実家を離れた息子のくらしが心配という斉昭の慶喜を思う温かな親心にあふれている。

斉昭はさらに、将軍継嗣問題に積極的に関与して慶喜を十四代将軍にしようとしたが、結局それは叶わなかった。

これには将軍と大奥が強烈な水戸徳川家嫌いだったことが少なからず影響している。

水戸徳川家と大奥には浅からぬ縁があった。きっかけは十一代将軍・家斉の八女として大奥で生まれ育った峰姫《みねひめ》が、水戸徳川家八代当主・**斉脩**《なりのぶ》（斉昭の兄）の正室になったこと

徳川斉昭像（弘道館前にて著者撮影）
愛情あふれるスパルタ教育で七男・慶喜を育てた斉昭。強烈な個性で歴史に名を刻みました。

だった。

お輿入れの際には峰姫付の上臈《じようろう》御年寄（大奥最高位の役職）・唐橋《からはし》も一緒についてきた。

『燈前一睡夢』（幕臣として徳川家に仕えた大谷木醇堂が明治時代に記した随筆）によると、唐橋は美貌の持ち主で十一代将軍・家斉も側室にしたいと申し出たが「上臈御年寄は一生奉公の役職で異性関係を持たない立場を誓った身であるから」として断った。

しかし峰姫について江戸の水戸徳川家の屋敷に入ったところ、たちまち斉昭が手を出して唐橋を懐妊させてしまったのだという。

峰姫は当然激怒。将軍が関係を持つこ

とを遠慮した女性に対して遠慮なく手を出されてメンツをつぶされた徳川将軍家も激怒。最高の権威職である上臈御年寄を手籠《てご》めにされた大奥も激怒。十三代将軍・家定の生母の本寿院などは慶喜が将軍継嗣に決まったら自殺すると言いだすほどの拒絶反応だった。

それに水戸徳川家は初代当主・頼房以来独自の血統を保っており、幕末には徳川宗家とはほぼ他人同然というほどに血縁関係が薄くなっていたから、将軍にとっても大奥にとっても身内として江戸城に迎えることに強い抵抗感があったのだろう。

良くも悪くも独自路線。これが水戸徳川家の特徴といえるかもしれない。

第三章

御三卿と御家門 ～徳川宗家の身内、親戚～

❖徳川将軍家の身内中の身内・御三卿

第二章で触れたように八代将軍・吉宗は徳川家康を崇拝していた。政治面ではもちろん、家督相続に対する考え方にも大きな影響を受けている。家康は自身の血統に連なる徳川宗家の家督相続を安定させるため、将軍職の継承権を有する分家として御三家を立てた。同じように吉宗が自身の血統、つまり紀州徳川家にルーツを持つ血統から安定的に将軍を輩出できるように創設したのが御三卿である。

吉宗の次男・**宗武**《むねたけ》に江戸城田安御門内に屋敷を与えて田安家を。四男・**宗尹**《むねただ》に江戸城一橋御門内に屋敷を与えて一橋家を。そして吉宗の嫡男で九代将軍となった家重の次男・**重好**《しげよし》に江戸城清水御門内に屋敷を与えて清水家を立てた。

三人の官位はともに従三位で、この地位の人に対する敬称が卿であることから御三卿と呼ばれた。「徳川」を名乗ることも許されていたが、便宜的に田安家、一橋家、清水家と呼称し、人物も田安亀之助、一橋慶喜などと呼ぶことがある。

御三卿の特徴は、御三家のように広大な領地を与えられて一国を収める大名として独立したわけではなく、十万石の食邑《しょくゆう》（この場合は賄い料のこと。幕府直轄領の年貢から支給される生活費）が与えられ、あくまで徳川宗家の庶子として扱われた点だ。

徳川宗家の部屋住みといってもいいかもしれない。部屋住みとは嫡男で家督相続前の者、もしくは次男以下であり嫡男がいるうちは本家を相続する権利はないが嫡男に何かあった時のスペアとして独立せず実家に留まっているもののことを指す。御三卿の場合は後者だ。

ただし一般的な部屋住みとは異なり、非常に高い官位が与えられて社会的な地位も保証されていた。また御三家より格式が劣るということでもない。

むしろ吉宗以降紀州系となった徳川宗家の血統に一番近い存在として、将軍家に跡継ぎがなかった場合の候補者順位では御三家よりも御三卿が優先された。

御三家よりも将軍の座に近いポジションを与えられた徳川宗家の身内中の身内。

これが御三卿である。

御三卿の系図

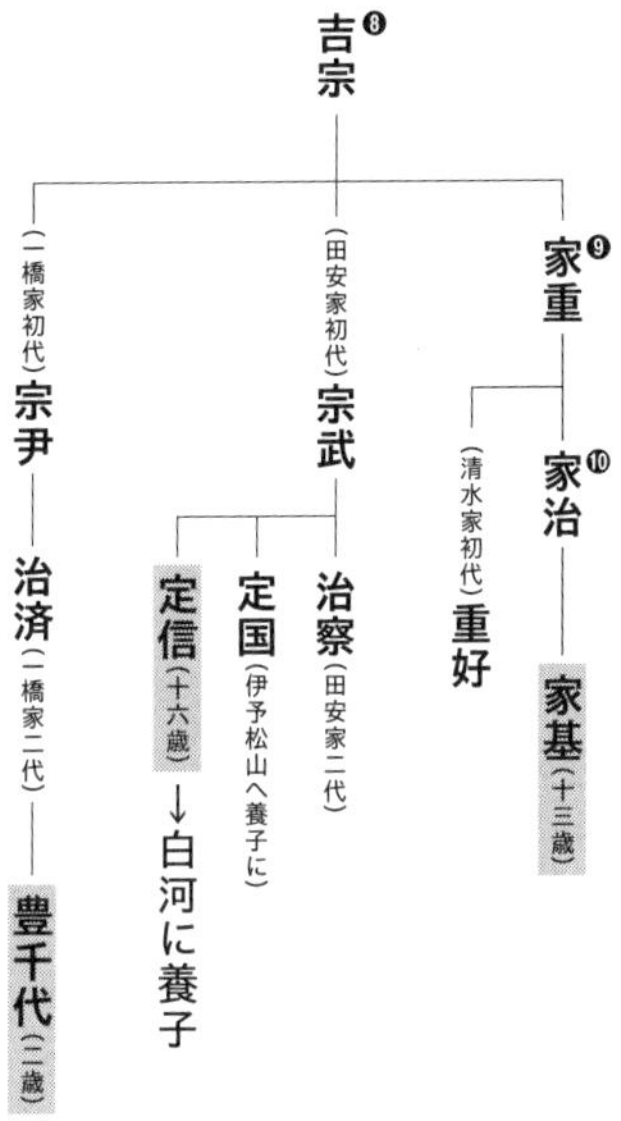

吉宗が紀州徳川家の血統から将軍を輩出できるよう創設した御三卿。八代～十四代まで紀州系将軍が続きます。

❖将軍になれそうでなれない！　田安家

八代将軍吉宗の嫡男・家重には重い言語障害があり、病気がちで武芸にも学問にも興味を示さず、屋敷の奥に引きこもりがちであった。対して、次男・宗武は活発で賢く、文武両道。家臣たちからの評判も良かった。

このことから水面下では嫡男の家重を廃嫡《はいちゃく》して、次男の宗武を九代将軍に擁立しようという動きがあったらしい。例えば、勝手掛老中《かってがかりろうじゅう》（財政・農政の責任者）として享保の改革で辣腕《らつわん》をふるった松平乗邑《のりさと》が九代将軍・家重への代替わりが決定すると突如罷免《ひめん》されるのだが、これは宗武擁立に関わったからだろうといわれている。

また宗武本人も家重の将軍襲職《しゅうしょく》以降、三年ものあいだ田安屋敷に籠居《ろうきょ》（家に閉じこもること）している。表向きの理由は病気ということだが、タイミングからしてやはり九代将軍への野心をみせたことに対するペナルティだろう。謹慎処分が解けても九代将軍・家重と、大御所となった吉宗との面会は許されず、田安屋敷への監視体制は継続して行われた。

宗武の死後に田安家二代目当主となったのは宗武の嫡男・**治察**《はるあき》だ。

治察には弟が二人いて、上の弟・**定国**《さだくに》は伊予松山の松平**定静**《さだきよ》（久松松平家）の養子となって家を出た。もう一人の弟・**定信**《さだのぶ》は治察に何かあった時の控えとして田安家に残った。治察は病弱で子供ができる見込みがなかったため、いずれ田安家は定信が相続することになることが確実視されていた。

定信は生まれたころは虚弱体質で六歳の時に大病にかかったが、その後は順調に成長。学問好きに加えて武芸はもちろん絵画や猿楽などの文化も嗜むなど、絵に描いたように品行方正な優等生で、御三卿田安家の次期当主として申し分ない資質の持ち主だった。

十代半ばになると和歌にハマって一年で六〜七千首（！）ほど詠んだ。中にはこんな歌もある。

心あてに　見し夕顔の花ちりて　たづねぞまよふ　たそがれのやど

これは『源氏物語』夕顔の巻を下敷きにしている。

光源氏は十七歳のころ、夕顔が咲く家に住む女性と恋に落ちた。荒れ果てた別荘で逢瀬を果たすと、そこに光源氏に恨み言をいう物の怪が現れて恐怖のあまり夕顔は死んでしまう。光源氏も心痛のあまり寝込んでしまったという話だ。定信はこの悲劇をモチーフに、愛しい人が住んでいた家の目印の夕顔の花も散り、訪ねて行っても迷ってしまうようなたそがれ（黄昏、誰そ彼とも。薄暗くなってそこにいる人が誰だかわからない）の宿になってしまったと、亡くなってしまった人を思う切なさを詠んだわけである。

この歌は当時の教養人の間で激賞され、定信は後に京の都で「たそがれの少将」というあだ名で呼ばれるようになった。

ただ数え十七歳のある日。定信は突然、十代将軍・**家治**《いえはる》の命により、陸奥国白河（福島県白河市）の松平**定邦**《さだくに》（久松松平家）の元へ養子に出されることが決定してしまう。

しかもその年のうちに治察が二十二歳の若さで病死。治察に後継者はいなかったため、田安家は明屋形《あけやかた》になってしまった。

明屋形とは、当主不在で屋敷だけが存続することである。一般の大名家は後継者がいない状態で当主が死亡すれば無嗣断絶となるが、御三卿の場合は徳川宗家の跡継ぎの控えとなる候補者が住む場所として、当主はいなくとも屋敷だけは存続したのだ。

『宇下人言』（松平定信による自伝）によると、当時の田安家では皆が悲しんだが宝蓮院（初代当主・宗武の正室）の嘆きにはひとかたならぬものがあり、何度も倒れ伏して気絶を繰り返し、薬を飲んでも効果はなく「これで田安家が断絶したら宗武公に申し訳が立たない。定信を養子にやるのは不本意であったが〝執政邪路〟の計らいによって了承するしかなかった！」といって号泣したという。

田安門（北の丸公園にて著者撮影）

現在の日本武道館の出入り口は実は江戸城の現存遺構。この門の先に田安家の屋敷がありました。

悲劇の始まりである定信の白河行きの人事を決めたのは田安家側では〝執政邪路の計らい〟と考えていた。執政とは当時十代将軍・家治から絶大な信頼を寄せられて政治を動かしていた老中・田沼意次《たぬまおきつぐ》のこと。つまり、田安家の不遇は田沼の陰謀と受け止められていたのだ。

ちなみに定信が養子に出された五年後に十代将軍・家治の嫡男の**家基**が急死し、徳川宗家に後継者がいなくなった。このため十一代将軍は御三卿から選ばれることになり、田安家は当主不在のため一橋家から将軍が誕生している。

もし定信が白河に養子に行かずにそのまま田安家を継いでいたとしたら、定信が十一代将軍になっていた可能性は十分にある。

このため定信の田沼意次に対する憎悪は並々ならぬものがあった。

定信は十代将軍から十一代将軍の代替わりのタイミングで田沼を政権から引きずり下ろし、代わりに老中首座に君臨して寛政の改革を主導。寛政の改革の趣旨は簡単に言うと田沼時代の重商主義政策の全否定であった。

祖父・吉宗の享保の改革時代への復古を目指して、風紀を引き締めるために吉宗の時以上に娯楽や贅沢を禁止して文武を奨励。きちんと実行しているかを監視するために目付を派遣し、その目付に目付をつけて監視するという徹底ぶりである。

真面目な優等生である定信にとっては当然の取り締まりであったのだろうが、

世の中に　蚊ほど（かほど、これほど）うるさきものはなし　ぶんぶ（文武）というて
夜も寝られず

という狂歌に表れているように世の中の人にとっては息苦しいことこの上なかったようだ。このため大衆の支持は得られず、寛政の改革は六年で挫折した。

田安家はどうなったかというと、定信が老中首座になったその年に、一橋家から将軍に

なった十一代将軍・家斉の弟の斉匡《なりまさ》が家督を相続して三代目当主となった。

は？　という感じだが、当時の人たちも同じ感想だったようで、御三家などは一橋家による田安家の相続に大反対した。しかし老中首座の松平定信は実家の田安家が明屋形になったことに心をいためていたから大賛成し、斉匡に相続させる方向で話をまとめたのだ。

この前例をもとに、御三卿の後継者は当主の嫡男に限らず、将軍家、御三家、御三卿の子息で適当な人物が選ばれ、該当者が屋敷を拝領してそこに住むようになった。

斉匡の子供たちは幕末に存在感を発揮する。越前福井の大名となり政事総裁職を務めた松平春嶽《しゅんがく》は斉匡の八男。田安家五代当主となって将軍後見職となった慶頼《よしより》は斉匡の九男。慶頼の三男・亀之助《かめのすけ》は一時、十五代将軍候補になっている。

❖暗躍・一橋治済

御三卿は長幼《ちょうよう》の序からいって最上位が田安家で、その次が一橋家、その次が清水家という序列で始まった。しかしこの序列を早速無効化したのが一橋家の二代目当主・治済《はるさだ》だ。

治済は自身の嫡男の豊千代を将軍の後継者にするために暗躍したとされる。

豊千代の最大のライバルは田安家の定信。ただし、名歌を詠みその優秀さが知れ渡った十七歳の定信に対して豊千代はまだ二歳と、田安家の優位はゆるぎない状況であった。そこでまずとりかかったのが田安家の無力化だった。

利用したのは老中・田沼意次とのパイプである。

話は八代将軍・吉宗のころにさかのぼる。御三家紀州徳川家から宗家入りして将軍となった吉宗は、信頼する家臣たちを紀州から江戸に呼び寄せていた。田沼意次の父・意行《おきゆき》も紀州徳川家時代から吉宗に仕え、将軍になってからも側近として重用された人物だ。吉宗の田沼家に対する信頼は厚く、田沼意行の嫡男の意次を自身の嫡男・家重の小姓にした。

家重には言語障害があって他人とのコミュニケーションが上手く取れなかったが、意次は家重に根気良く接してその真意を理解し、周囲に伝えた。このため九代将軍となった家重が田沼に寄せた信頼は絶大で、臨終の際には「田沼はまたうと（漢字で書くと全人。正直な律義者。調和がとれた完璧な人）のものだから重用するように」と、息子の家治に言い残して亡くなったほどである。十代将軍となった家治はこの遺言の通り田沼を側用人に取り立て、さらに老中として政治を任せるなど全幅の信頼をおいた。

この一方で、吉宗は田沼意行の次男の意誠《おきのぶ》を自身の四男・宗尹の小姓にしていた。宗尹が一橋家の初代当主となると、意誠も一橋家の家老となった。つまり徳川宗家の当主と一橋家の当主を田沼家が補佐する体制になっていたのだ。いいかえれば徳川宗家と一橋家は

一橋屋敷跡（丸紅本社前にて著者撮影）
記念碑がたつ丸紅本社前。ここから気象庁・大手町合同庁舎付近まで含む広大な屋敷でした。

田沼家人脈を通じてかなり密な連携を取り合うことができる状態にあった。

このため十代将軍・家治に働きかけて定信を養子に出すことを決定づけたのは田沼意次であるが、その田沼意次への働きかけを行ったのは一橋治済だと考えられている。

そしてこの五年後には十代将軍・家治の嫡男の家基が急死した。詳しくは第五章で述べるが、元服を済ませて〝家〟の字も継承し、後は十一代将軍になるのを待つばかりだった家基の急死はあまりに不可解であり、巷《ちまた》では「田沼意次が毒殺したのではないか」という噂まで流れている。

しかし先に述べた通り田沼意次は九代

将軍・家重、十代将軍・家治の引き立てで出世した人物であるから、その正当な後継者である家基を害するメリットはない。この一連の動きで一番得をした人物は誰か。

一橋治済だ。

家基の死によって徳川宗家には将軍候補者がいなくなり、御三卿から十一代将軍候補が選ばれることになった。御三卿最上位の田安家は明屋形につき該当者不在。このため一橋治済の嫡男・豊千代が繰り上がって宗家入りし、家治の養子となって家斉《いえなり》と改名。十一代将軍の座が内定したのである。

やがて十代将軍・家治までもが急に体調を崩して危篤となった。病状から脚気が重症化したものと考えられているが、家治は直前までいたって健康で年齢も五十歳と寿命には遠いと思われていたため、またもや田沼に毒殺の嫌疑がかけられる。田沼が抜擢した町医者が治療にあたったところ病状がかえって悪化したことも疑惑に拍車をかけた。

しかし繰り返しになるが、田沼に家治を害するメリットは何一つない。田沼は疑いを晴らすべく家治の病床に侍《はべ》ることを懇願したが叶えられなかった。そればかりでなく突然、家治の名をもって老中を罷免されてしまう。

ただ発喪《はつも》の時期などから逆算すると、この時すでに家治は死んでいたはずなのだ。

つまり、田沼意次の失脚は反田沼派による陰謀という線が濃厚なのである。首謀者は誰だろう。この一連の動きで一番得をした人物……、もうおわかりですね。

そう、一橋治済。

十代・家治の死後に十一代将軍になるのは御三卿・一橋治済の息子の家斉だ。つまり八代・吉宗、九代・家重、十代・家治という紀州系嫡流の血統が途絶え、初めて紀州系傍流の将軍が誕生することになる。紀州系傍流による新たな政権には、紀州系嫡流を支えて絶大な権力を得た田沼意次は邪魔な存在だった。

そこで目を付けたのが同じ御三卿出身の松平定信である。

あれ？　田安家から定信を追い出したのも治済だったのでは……。それはそれ、これはこれ。当時の幕府内には、紀州系嫡流おかかえの新興勢力である田沼意次の出世を良く思っていない保守勢力があった。松平定信をはじめ、紀州徳川家以外の御三家や、代々将軍家に仕えてきた譜代の家臣たちである。

治済はこうした反田沼勢力をまとめ、松平定信の幕閣入りを強力に後押し。新将軍の父として実権を握り、定信を将軍補佐&老中首座のポジションにつけたのだ。さらに明屋形になっていた田安家に五男の斉匡を入れ松平定信に恩を売ることも忘れなかった。

ただ定信の方はこれをさほど恩義には感じていなかったらしく、次第に治済&家斉親子との仲が険悪になっていく。

それが表面化したのが朝廷と幕府との間に起こった尊号一件《そんごういっけん》だ。
事件の少し前、家斉は父・治済に大御所の称号を贈りたいと考え、定信に相談した。しかし定信は「将軍経験者でもない治済に大御所号を与えるなど言語道断」という姿勢を崩さなかった。

これは確かに正論だが、家斉にしてみれば自分はもちろん定信が老中首座になれたのも治済のお陰なのだから感謝を表すためにも治済に大御所号を贈りたいと考えたのだ。この気持ちも理解できる。家斉は再三定信に掛け合ったが、定信は全く応じなかった。

『文恭院殿御実紀』(徳川幕府による家斉の公式記録。諸記録をもとに江戸時代後期に編纂)によると交渉は平行線となり、ついに家斉が激怒して江戸城で定信に刀で斬りかかる事件まで発生している。この時は側にいた人が機転を利かせて「越中守(定信のこと)よ、御刀をくださっているのだ、早く頂戴しろ」と促したことで、われに返った家斉が刀を打ち捨ててその場を去り、定信がこの刀を頂戴することで事なきを得た。

そして起こったのが尊号一件だ。今度は光格天皇が父親に太上《だいじょう》天皇の尊号を贈りたいと幕府に打診。その際にも、定信は「天皇の位についたことのない人物が太上天皇になるのはおかしい」と正論で突っぱねて関係者を処罰したのである。

定信のこの対応は家斉の治済への大御所号授与を望む動きに対する当てつけと受け止め

られ、独善的な定信の態度に幕府内部でも不満が噴出。定信が主導する寛政の改革も思うほど効果は挙がらず、大衆からの支持も得られていない。

この状況を受けて再び動いたのが治済である。治済は反定信勢力の中心となって「改革の功労」により定信の官位を上げて表向きは昇進させ、老中首座の職を免じて幕府の政権中枢から排除した。

邪魔者をすべて排除した一橋治済は一橋家の家督を六男・**斉敦**《なりあつ》に譲って隠居し、剃髪《ていはつ》して穆翁《ぼくおう》と名乗るようになったが、その権勢は絶大であった。なにしろ、徳川宗家、田安家、一橋家の当主が自分の息子たちなのである。大御所の称号の拝命こそ叶わなかったが、官位は御三家・御三卿の中でも破格の従一位にまで昇進した。

権力を欲しいままにした治済(穆翁)は、家斉の正室の父・島

松平定信像(南湖神社にて著者撮影)

失脚した定信ですが、その後は領国の白河の経営に専念。今も地元で名君として慕われています。

津重豪《しげひで》（号は栄翁《えいおう》）、家斉の側室の養父・中野清茂《きよしげ》（号は碩翁《せきおう》）らとともに「三翁」と呼ばれ、幕府の金を湯水のごとく使い贅沢三昧の日々を送った。

幕府の財政を担う勝手掛は、貨幣を粗悪改鋳して差益金を出すことで財政を補塡《ほてん》。実態を伴わない見かけ上の好景気を演出して放漫財政を維持した。ようはバブル経済だ。

家斉&治済親子が権力を握った文化・文政期は、バブリーで享楽的な雰囲気が社会を支配した。

❖一橋慶喜の誕生と知られざる女傑

一橋家の当主は残念ながら早死にが多い。

三代目当主・斉敦は三十七歳で亡くなり、その子で四代目当主となった**斉礼**《なりのり》も二十八歳で亡くなった。斉礼には子供がいなかったので五代目は田安家を継いだ斉匡の四男の**斉位**《なりくら》が継いだ。しかしこの斉位も二十歳で子供がいないまま亡くなったので六代目は十二代将軍・**家慶**《いえよし》の五男の**慶昌**《よしまさ》が相続した。しかしこの慶昌も十四歳で子供がいないまま亡くなったので、七代目は斉匡の五男・**慶寿**《よしとし》が継いだ。しかしこの慶寿も二十五歳で子供がいないまま亡くなったので、八代目は十一代将軍・家斉の十四男で尾張徳川家を継いだ**斉荘**《なりたか》の次男・**昌丸**《まさまる》が継いだ。昌丸は数え二歳だったが、家督相続からわずか四か月足らずで亡くなる。当然子供はいなかった。

異様な死亡率の高さには驚くばかりであるが、これは一橋家だけの傾向ではない。例えば十一代将軍・家斉は五十五人の子宝（!）に恵まれたが、成人したのは二十八人である。

これは当時の女性たちの白粉《おしろい》化粧のせいかもしれない。当時の白粉には化粧のりを良くするために鉛や水銀が混ぜられていた。特にバブル景気に浮かれた文化・文政期は女性たちの化粧が最も華美になり、白粉の厚塗りが流行した時代である。

上流階級の屋敷に生まれた乳幼児はまず胎内にいるころから母体の水銀被曝や鉛毒による影響を受け、誕生してからも母乳を飲む際などに乳母の胸元までべったり塗られた白粉を口に含んだと考えられる。このため早世したり、成人したとしても極めて虚弱体質で早死にしたり、子孫を残せないことが多かったのではなかろうか。

一橋家系図

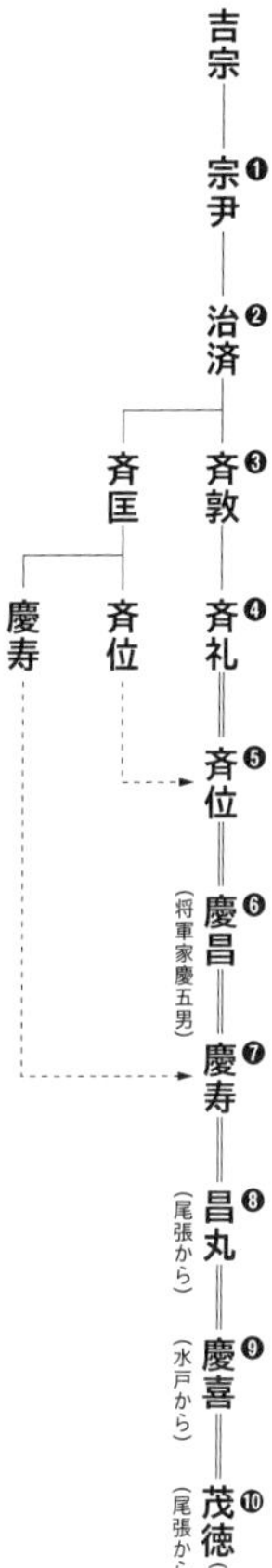

異様に早死にの当主が多かった一橋家。治済の血統による相続は途絶え、水戸徳川家から慶喜が迎えられました。

閑話休題。このようにして治済の血統による一橋家の相続は途絶え、他家から養子を迎えることになった。選ばれたのは水戸徳川家九代目当主・斉昭の七男の慶喜である。斉昭の正室で慶喜の母である吉子は皇族出身で、十二代将軍・家慶の正室の妹だった。つまり家慶にとって慶喜は義甥《ぎせい》なのだ。このような縁もあり斉昭は自慢の愛息・慶喜を積極的に売り込んだ。また当時の老中首座の阿部正弘《あべまさひろ》も、対外政策において海防事情に明るい斉昭と緊密に連携していたため双方の利害が一致し、一橋家の家督は是非斉昭の子息からという人選になったらしい。

確認になるが、宗家に後継者不在になった場合に候補を出す最有力の位置づけとされたのが御三卿であり、御三卿のうち将軍を出した実績があるのは一橋家のみである。つまり慶喜が一橋家の当主になったということは、次期将軍になる見込みの家慶の四男・家定に何かあった場合の有力な控え候補になったことを意味していた。

家慶は二十七人の子宝(!)に恵まれたが子供たちは皆短命で、半数以上が数え二歳までに亡くなっている。十五歳以上に成長したのは四男の家定だけだった。家定も生まれたころから虚弱体質で、癇《かん》が強く、首や目や口が痙攣《けいれん》して手足が不随意《ふずいい》に動いてしまう癖もあったというから何らかの障害があったのだろうと考えられている。

もちろん十三代将軍の候補者筆頭は家定であることは揺るがないが、健康状態からして家定が早死にすることも想定しないわけにはいかない状況であった。

このような中で一橋家に迎えられたのが慶喜だったのである。慶喜は江戸の水戸屋敷で生まれたが、父・斉昭の教育方針で都会の華美な風俗になじんで軟弱に育たないように生後七か月で水戸に送られて厳しくしつけられて成長した。このためすこぶる健康であった。

そのためだろうか、『徳川慶喜公伝』（幕末に慶喜に仕えた渋沢栄一による書。慶喜の業績を顕彰するため明治中期から二十五年かけて編纂）によると家慶は慶喜が十六歳の時に鶴の羽合に同行させようとしたという。

鶴の羽合は将軍が獲った獲物を朝廷に献上するための鷹狩で将軍世子が同行するのが慣例であったため、阿部正弘が「内外の評判もあるので（慶喜の同行は）今少し見合わせた方がよいでしょう」と助言し、家慶も「少し早いか」と頷いて沙汰《さた》止みになったらしい。

このことから同書では家慶は内心では慶喜を十三代将軍にと考えていたのではないかと推察しているのだが、史料の性質上、かなり慶喜贔屓《ひいき》の記述であることもあり家慶の真意に関しては疑問の余地が残る。

ただ『昔夢会筆記』（明治末期から大正二年にかけての慶喜自身による回顧録。渋沢栄一編）には以下のような記述がある。

質問：家慶公はしばしば一橋のお屋敷へ御成りになられたそうですが、その時のご様子をお伺いしたく存じます。

慶喜：例えば家慶公自ら地を謡い、余が舞うなどして極めてお親しく接してくださった。このようなことは決して先例のないことだろう。

このことから家慶は確かに慶喜に目をかけていたし、慶喜の方もそれを格別の事として受け止めていたということは言えるだろう。

家慶が亡くなると家定が十三代将軍に就任したが、病がちな家定には子を残す能力がないと判断され、十四代将軍の座を巡って将軍継嗣問題が勃発。

紀州徳川家の家茂を担ぐ南紀派と一橋慶喜を担ぐ一橋派の熾烈《しれつ》な争いの結果、一橋派が敗れ慶喜は隠居謹慎処分となった。

この時、慶喜は二十二歳。後継者もいなかったので一橋家は当主不在となる。そこで慶喜に代わって一橋家を切り盛りしたのは一橋家七代目当主・慶寿の正室の徳信院《とくしんいん》だった。

慶喜と徳信院は系図上は義理の祖母と孫の関係になるが年齢は七歳しか離れておらず、姉と弟のような関係性を築いていたようだ。

『昔夢会筆記』によると、将軍継嗣問題で慶喜が十四代将軍候補になったころに二人の間で次のような会話があったという。

徳信院様はどこかで予（慶喜のこと）が遠からず十三代将軍・家定公の御養君になると耳にされたようで、夕食をご一緒したお席で
「貴方とせっかく打ち解けたというのにまた他へ移られるなんて心細い」
としみじみおっしゃったので、予は
「そのようにおっしゃってくださるのは有難いですが、御養君の事は決して引き受けるつもりはありませんのでご安心ください。つきましてはあちらからのご要請がある前に、前もってこちらからお断り申し上げましょう」
と言ってもし予を将軍継嗣《けいし》に考えているようであればおやめいただきたいという手紙を、徳信院様を通じて大奥宛にお送りいただいたのだ。

慶喜としては十四代将軍になる気はなかった、というのが本心なのか負け惜しみなのかはわからないが、徳信院と慶喜の親密な関係性が窺える。

慶喜の正室の一条美賀子が自殺未遂をした際に、慶喜と徳信院の男女の仲を疑ったのが

原因という噂が流れたぐらいだから、傍《はた》から見てもかなり仲が良かったのだろう。

やがて慶喜の謹慎は解かれ、将軍後見職として復権を果たした。慶喜の一橋家の再相続も認められたが、政治の舞台は京都に移っていたため江戸の一橋家の屋敷は留守がちとなった。この間も一橋家を守り抜いたのは徳信院だ。

十四代将軍家茂の死去に伴って慶喜が徳川宗家入りすると一橋家はまた当主不在となったが、徳川**茂栄**《もちはる》（御連枝《ごれんし》・高須松平家当主、御三家・尾張徳川家当主を経て一橋家当主）に家督が引き継がれるまでの間も徳信院が実質的な当主として一橋家を差配した。

幕末の知られざる女傑である。

❖影が薄い清水家

十代将軍・家治の後継者、家基の急死により十一代将軍候補を御三卿から選出する際、田安家が明屋形だったため、一橋家治済の嫡男・家斉が選ばれたことは前述の通りである。

しかしこの時、清水家には初代当主の重好《しげよし》が存命であった。重好は九代将軍・家重の次男で十代将軍・家治の弟だから、家治の最近親者。年齢は三十五歳とやや高齢ではあるが、後継者候補になってもおかしくない。『よしの冊子』（松平定信の家臣・水野為長《ためなが》の著。

清水門（北の丸公園にて著者撮影）
江戸時代の遺構が現存。皇女和宮は大奥に入る前に明屋形だった清水家の屋敷に一時滞在しました。

当時の風聞集）によると、清水家の家臣が田沼意次に三万両の献金をして関係を強め、候補者レースに名乗りを上げようという動きもあったらしい。

　しかし結局は一橋治済の政治力に圧倒されて、黙殺された。

　こう言っては何だが御三卿の中でも清水家の影の薄さは断トツだ。なぜなら初代・重好以降、一度も当主の実子による相続が行われず、将軍候補者を輩出する家というよりは十一代将軍・家斉の庶子の受け皿になってしまい、明屋形の期間も長かったからだ。

　重好の死後は家斉の五男・**敦之助**《あつのすけ》が二代目として家督を相続するが、屋敷へ入ることなく四歳で死去。十六年の明屋形を経て、家斉の七男・斉順《なりゆき》が三代目当主となるが、斉順は紀州徳川家の養子に出ることになり、家斉の十一男・**斉明**《なりのり》が四代目当主となる。斉明は子供がないまま十八歳で亡くなったため、家斉の二十一男・斉彊《なりかつ》が五代目当主となるが、斉彊も紀州徳川家の養子に出てしまい、清水家はここから二十年も明屋形となる。

慶応二年（一八六六）に徳川慶喜の弟の**昭武**《あきたけ》が清水家の六代目当主となることでようやく復活するが、昭武はパリ万博に参加するため間もなく渡欧。諸国歴訪の最中に幕府が瓦解したため、清水家は一度も大きな政治力を持つことのないまま明治新時代を迎えた。

❖粒ぞろいな御家門

一般的に徳川宗家の血縁集団＝徳川一門としてくくられるのは、御三家、御三卿に加えて御家門である。

どの家を御家門と数えるかには諸説あるが、本書での扱いは『国史大辞典』（昭和後期から平成前期にかけて吉川弘文館から発行された日本最大級の歴史百科事典）の〝家門〟の項目の解説文「三家・三卿・譜代・外様の語とともに、江戸時代の大名諸家を将軍家に対する親密の程度により分類した場合の一呼称。家康以後の徳川氏の分家で、三家・三卿以外のものをいう。（以下略）」という記述に準じることとする。

御家門は徳川を称することは許されず基本的には松平を名乗った（例外アリ）。宗家の継承権はなく将軍を輩出することもなかったが、節目節目で重要な役割を果たした。

具体的にはどういう家があるのかというと時期によって増減があるため明示し難いが、系統は大きく分けて次の四つに分類できる。すなわち
●結城秀康系 ●将軍家の庶子・兄弟系 ●久松系 ●御連枝 である。

❖"制外の家"と一目置かれた越前松平家・（結城）秀康

御家門の中でひときわ大きな存在感があったのが結城秀康の系統である。

始祖はもちろん結城秀康。秀康は家康の次男だが生まれた瞬間からなぜか疎んじられた。理由は秀康の母親が家康の正室の築山殿の侍女だから体裁が悪かったとか、当時禁忌の双子だったからとか諸説あるが、はっきりしたことはわからない。

『浄光公年譜』（江戸時代に作成された大名家の系譜のうち、結城秀康のもの）によると、家康は幼名すら授けなかったらしく家康の嫡男・信康が秀康の顔を見て「義義《ぎぎ》（ナマズ目の魚）に似てる」と言ったことから幼名が於義丸《おぎまる》になったというぐらいだから、かなり投げやりな印象を受ける。

ただ信康は十五歳年の離れた弟の秀康をとても可愛がり、不憫《ふびん》に思っていたらしく同史

料には秀康が三歳の時のこととしてこんなエピソードが記載されている。

家康はどういうわけか公（秀康のこと）を御子と認めず対面しなかったので、兄の信康公はなんとかして父・家康と秀康の対面を実現せねばと思った。

そこで岡崎城に家康が来る日に秀康も城に呼び、障子越しに控えさせた。家康はそれに気が付いて座を立とうとしたので信康はその袖を抑えてこう言った。

「弟は既に三歳になります。お会いになっていただけませんか」

家康は信康の顔を見て思いなおし、手を引かれてやってきた秀康を膝の上に乗せて、初めて父子の対面をした。

子は鎹《かすがい》ならぬ兄は鎹だ。

しかしその兄の信康も秀康が六歳の時に、家康に切腹を命じられて亡くなってしまう。

こうなると次男の秀康が繰り上がりで嫡男になってもよさそうだが、この時も家康は秀康を退けて三男・秀忠を嫡男扱いとした。秀忠の母親である家康の側室・西郷局が三河の有力者の養女であったことなどが理由と考えられているが、しかし何とも不憫である。

このような背景から秀康は徳川宗家には留め置かれずに、まずは羽柴秀吉の、次いで北関東を地盤とする大名・結城晴朝の養子となって結城秀康を名乗った。

ただ秀康は武将としては大変優秀で、成長して戦場で功績を挙げるようになると家康もその実力を大いに評価するようになる。

二十七歳で迎えた関ヶ原の戦いでは北の大勢力・上杉景勝《うえすぎかげかつ》の抑えを任され、重臣会議でも家康の後継者は秀康にすべきという声が上がるほど評判が良かった。

戦後には下総結城（茨城県結城市）十一万石から五十万石以上加増され、越前北ノ庄（福井県福井市）六十八万石に移封された。北ノ庄は外様大名中最大の石高を誇る加賀（石川県）の前田家に対する抑えの地。石高としても当時としては加賀百万石の前田家に次ぐ規模だった。こうして成立したのが越前松平家である。

秀康の自負も相当なものだったようだ。

秀康が江戸に参勤する際に関所を通過しようとしたときのこと。

秀康のお供の中に鉄砲を持っている者があったため、関所の役人が注意したところ、秀康は「我らは格別の家柄だというのに無礼な奴だ。成敗いたせ」と家臣に命じた。役人は驚いて逃げ江戸の幕府に訴え出たが、秀康の弟の二代将軍・秀忠は「兄上に殺されずによかったな」といって取り合わなかった。

その後、江戸に到着した秀康を秀忠自身がわざわざ出迎え、江戸城本丸御殿に到着すると「お先へどうぞ」と、兄の秀康に先を譲った。秀康の方も「将軍こそお先へ」と言って弟の秀忠に先を譲った。結局秀忠が「では、ご案内のために……」といって先導したという。

将軍家と秀康のこのような関係性から越前松平家は〝制外の家〟として一目置かれる存在となった。梅毒に侵されて三十四歳の若さで亡くなったことが惜しまれる。

なお、秀康は生前に徳川、もしくは松平を名乗ることを許されていたのではないかとする説もあるがはっきりしない。確実に松平を名乗るのは秀康の嫡男・**忠直《ただなお》**の時からである。

❖〝託孤《たっこ》の遺命《いめい》〟を受けた会津松平家・(保科《ほしな》)正之《まさゆき》

将軍の庶子・兄弟系で最も有名なのは会津松平家だろう。始祖は保科**正之**である。

保科正之は二代将軍・秀忠と側室の間に生まれた子だが正室のお江に対する遠慮からその出生は秘匿《ひとく》された。このため、はじめ見性院《けんしょういん》（武田信玄の次女。武田家滅亡後は徳川家が保護した）が、後に信濃国高遠《たかとお》（長野県伊那市）の保科正光《まさみつ》（武田家家臣。武田家滅亡後は徳川家に仕えた）が引き取って養育した。

二十一歳の時に養父・正光の遺領を引き継ぎ高遠三万石の領主になった。二代将軍の血を受け継ぐ身としてはあまりに小禄である。しかし正之は江戸城に上がっても末席に甘んじ決して不満を述べることはなかった。大変謙虚な性格だったのだ。
『大猷院殿御実紀』によると三代将軍・家光が、異母弟にあたる正之の存在を知ったのは目黒で鷹狩をしていた時のことだという。疲れたので将軍の身分を隠し、将軍家に仕えるものであると偽って四、五人の家臣とともに成就院という寺に入って休むことになった。そこでこんなことがあった。

客殿に通されると壁に見事な菊の絵が掛かっていたので、家光は
「こんな田舎には珍しい結構なものだ。どのような立派な檀家がいるのか」
と寺の僧侶に聞いた。すると僧侶は
「保科肥後守《ひごのかみ》（正之のこと）の御母上がおられます。ただ禄は少なく貧しい暮らしをされておられ、お布施も豊かではありません。
あなた方は将軍家に仕えているとお伺いしましたので、このようなことを申し上げるのもなんですが、肥後守様はまさしく今の将軍（家光のこと）の弟だそうでございます。
どうしてあのように苦しい生活をされているのでしょうか。
身分の高い方は兄弟の縁も薄く、人の情けというものがないのですね」

お静地蔵（成就院にて著者撮影）

保科正之の母・お静が正之の栄達のお礼に奉納したという大きなお地蔵様。大きな母の愛を感じます。

と言ったので、家光は顔色を変えて寺を出て江戸城に戻った。

僧侶もまさか家光本人だとは思わずにこの話をしたのだろうが、家光もまさか自分に異母弟がいるとは思っていなかったから相当衝撃を受けただろう。

家光は早速異母弟・正之と対面を果たし大変可愛がった。同母弟の忠長とは超絶不仲だったので、なおさら親しみを感じたのかもしれない。

秀忠が亡くなると、正之は家光によって高遠三万石から出羽国山形（山形県山形市）二十万石を経て、陸奥国会津（福島県会津若松）二十三万石に封じられる。

生まれてこの方、当たり前のように不

遇を被ってきた正之にとって家光は大恩人であった。家光と保科正之の絆がどれだけ深いものであったのかは、家光臨終の際のエピソードに表れている。家光は四十八歳の時に脳卒中で倒れ、信頼する家臣たちを枕元に呼んで遺言を残したが、『千年の松』（江戸時代後期に会津の学者・大河原長八によって書かれた保科正之の伝記）によると正之とのやりとりは以下のようなものだった。

将軍（家光のこと）は御病床で堀田正盛《ほったまさもり》（家光の寵愛を受けた側近）に後ろから抱きかかえられていたが、公（正之のこと）の顔を見ると右手を出して公の手を握り
「その方、我の恩をわすれてはいまいな」
といった、公は涙に咽《むせ》びながら
「骨の髄まで染み込み、片時も忘れたことはございません」
と答えた。すると将軍は満足そうに微笑まれ
「幼少の大納言（これから四代将軍となる息子・家綱のこと）を頼んだぞ」
とおっしゃったので、公は
「命を懸けてご奉公仕《つかまつ》るほかございません。どうかご安心ください」
とおっしゃられた。将軍はいかにも嬉しそうに

「それは安心だ」
とおっしゃった。その後次第にご様子が差し迫り、堀田正盛に退出を促されたので、涙をぬぐってお側を離れた。

家光はまだ十一歳の我が子・家綱の行く末を案じ、その輔弼《ほひつ》を正之に託したのだ。俗に〝託孤の遺命〟と呼ばれるこの家光最期の思いを正之は重く受け止め、四代将軍・家綱の政治を後見。また会津松平家の家中が将来にわたって守るべき『会津家訓《かきん》十五か条』を定める。

その第一条は「将軍家に対して一心大切に忠勤を誓うこと。他の家がどうであっても関係ない。もし謀反を考えるようなことがあれば私の子孫ではないから、家臣は皆、決して従わなくてよい」というもの。この徳川将軍への絶対的な忠誠心は幕末まで受け継がれる。

ちなみに正之は養父・保科正光への孝心からか保科を名乗り続けた。このため会津松平家が松平を名乗り始めるのは三代目当主・**正容**《まさかた》（正之の六男）の代からである。

❖家康の異父弟・久松松平家

久松松平家の発祥は、徳川家康が十九歳のころにまでさかのぼる。

家康の父・広忠と母・於大は家康が三歳の時に離婚した（四〇ページ参照）。

その後、於大は尾張国知多郡の坂部城主・久松俊勝《ひさまつとしかつ》と再婚して三男三女（四女とも）を生んだが、離れて暮らす家康のことを片時も忘れることなく手紙や菓子を送って励まし続けたと伝わっている。

永禄三年（一五六〇）、今川義元の人質だった十九歳の家康は、義元の上洛作戦に伴い先発隊として尾張に向けて出陣。この時に坂部城に立ち寄って於大との再会を果たす。その様子は『東照宮御実紀』にこう記されている。

今度出陣するときにそちらに立ち寄りますという家康からの手紙を受けて、於大は大変な喜びようであった。久松家は織田方ではあったが、何も遠慮することはないといって了承し、準備をして待った。

やがて家康が坂部城にやってきて於大の方と母子の対面となり、お互いに長年の思いを泣いたり笑ったりしながら語り合った。

その場には三人の男子がおり於大の方が御産みになったお子達であることを知ると、家康は「ならば自分の異父弟である」としてご兄弟と同じように接するようになった。

こうして家康は、於大が産んだ異父弟の**康元**《やすもと》、**勝俊**《かつとし》、**定勝**《さだかつ》らいわゆる久松三兄弟に松平を名乗ることを許し、血縁のある家臣として重用するようになったのだ。

ちなみにこの再会の直後に桶狭間の戦いが起こり、今川義元が死亡。家康は今川家から独立し人生も大きく動き出すことになる。もともとの親戚筋である松平庶家をあてにできなかったので、これを機に新たに血縁のある拠り所をつくりたいという意思も働いたのだろう。

三兄弟の子孫はそれぞれ康元系久松松平家、勝俊系久松松平家、定勝系久松松平家として大名や旗本になったが、特に繁栄したのは末弟の定勝系久松松平家だ。

定勝は家康が「秀忠の相談役になってほしい」と遺言を残したほどに信頼され、伊勢国桑名（三重県桑名市）十一万石の城主となった。

子孫もそれぞれ御家門に列し、定勝の跡を継いだ嫡男・**定行**《さだゆき》は桑名から伊予国松山（愛媛県松山市）十五万石に栄転。

桑名には定勝の三男・**定綱**《さだつな》が入った。この定綱の子孫は一時的に越後国高田（新潟県上越市）十一万三千石や、陸奥国白河（福島県白河市）十一万石に移されたこともあったが、江戸時代後期には桑名に戻った。松平定信が御三卿の田安家から養子に出されたのは、この定勝の子孫の定綱系久松松平家で、時期としては白河を治めていた時のことだ。

また、幕末には定綱系久松松平の十三代目当主・**定敬**《さだあき》が京都所司代に就任し、一会桑《いちかいそう》政権の一端を担って活躍する（二四三ページ参照）。

❖御連枝～家光とお風呂で指切り♡高松松平家初代当主・頼重～

連なる枝ももとは同じ一本の木であることから高貴な身分の人の兄弟を連枝《れんし》という。御三家の分家を御連枝と呼び、本家に当主候補者不在となった時などは御連枝から本家入りして当主になることがあった。

尾張徳川家の御連枝は美濃国高須（岐阜県海津市）松平家三万石など。紀州徳川家の御連枝は伊予国西条（愛媛県西条市）松平家三万石など。水戸徳川家の御連枝は讃岐国高松（香川県高松市）松平家十二万石などである。

こうしてみると水戸徳川家の御連枝・高松松平家の石高がとびぬけて高いが、これは初代当主・頼重が三代将軍・徳川家光から格別の寵愛を受けたことに起因する。

一〇一ページで触れた通り、頼重は水戸徳川家初代当主・頼房の長男であったにもかかわらず疎まれ、江戸で暮らしていてはいつ身に危険が及ぶかわからないので九歳から京都の寺に預けられて成長した。

しかしこのことは頼房の養母・英勝院《えいしょういん》によって、二代将軍・秀忠の知るところとなった。

英勝院は室町時代の智将・太田道灌《おおたどうかん》の子孫で徳川家康の側室になった女性である。ある日、家康が家臣たちと「一番うまい食べ物は何か」という話をしていたが結論がでなかったので、側にいた英勝院に意見を求めたところ「それは塩です。塩がなければどんな料理もまずくなります」と言ったので皆が納得した。家康は「では一番まずい食べ物は何か」と聞いたところ英勝院は「それも塩です。どんなうまい料理も塩を入れすぎればまずくなります」と答えたという逸話がある。

家康はこのような英勝院の聡明さを愛し、関ヶ原の戦いや大坂の陣にも同行させた。また、彼女は家康の子供を産んだが早くに亡くしていたため不憫に思い、頼房や孫たちの養母として遇《ぐう》したのだ。

頼重が母の胎内にいるときに父の頼房の命によって流産させられそうになったのを、母体を庇《かば》ってひそかに出産できるように手配したのは、ほかならぬ英勝院である。

英勝院は家康の死後も徳川家の子供たちの養育に大きくかかわり、二代将軍を引退して大御所となった秀忠も英勝院を厚遇。望みがあったら何でも言ってほしいと伝えた。

そこで英勝院は「頼房の長男が世間の目を憚《はばか》って隠されているので、いつか是非お耳にいれたいと思っていました」と打ち明けたのだ。秀忠はそのような存在があることを全く把握していなかったので、すぐに江戸に呼び戻すよう水戸徳川家に指示を出した。

その後、頼重は父・頼房に連れられ、水戸徳川家を継ぐことが決まっていた弟の光圀に従う形で江戸城に登城。秀忠は既に亡くなっていたため、三代将軍・家光に御目見えした。寛永十五年（一六三八）、頼重十七歳の時の事である。

頼重は御目見えの翌年、寛永十六年（一六三九）には常陸国下舘五万石に封じられ、さらに寛永一九年（一六四二）には讃岐国高松十二万石に転封の上、加増となった。

英勝院はことのほか喜んで酒と蒸し物を土産に、江戸城の家光のもとを訪ねたが、家光は「お礼にはまだ早いです。追ってさらに大国に封ずるつもりですから」と言ったという。

このように御目見え後の家光の頼重への寵愛は並々ならぬものがあり、特別に昼夜関係なく江戸城の奥（将軍のプライベート空間）への出入りを許可してお風呂のお相手まで務めさせたほどであった。……お風呂の、お相手？　ゴクリ。

『讃岐盛衰記』（高松松平家に仕えた小神野与兵衛による記録。江戸時代中期の著作か）には、風呂の中で二人は以下のようなやりとりを交わしたと記されている。

「頼重よ、水戸徳川家を継ぐ光圀をうらやましく思うか？」

「いいえ、そうは思いません。光圀がお風呂のお相手では心が休まらず御嫌でしょう。私にはこのように心安くお風呂のお相手を仰せつけていただけるのですから、光圀に勝っていると思っております」

「そうか。いずれは水戸徳川家とかわらぬくらい家臣をつけてやろう」

「本当ですか？」

「嘘はつかない」

二人は互いの手と手を絡ませ「ゆびきりかねきり、ゆびきりかねきり」とおっしゃった。

※ゆびきりかねきり……約束をするときの囃子言葉。

突然のＢＬ展開に驚くばかりだが、この話の前提として家光は男色であること。またこれまでも何度か取り上げてきたように、父母に愛された弟・忠長に対してとびきりのコンプレックスを抱えていたことを考え合わせる必要があるだろう。

家光は若い頼重に性的な魅力を感じていたのかもしれない。もしくは自分と同じように、弟の方が父から優遇されている状況にあった頼重を他人とは思えず、特別気に入ったのかもしれない。いや、その両方だったのかもしれない。

この家光と頼重の仲の良さを面白く思わなかったのが頼重の父親の頼房だった。なんでも江戸城内で家光のいる奥から頼重が出てきて、老中たちと気さくに雑談をかわし、また奥へ戻っていく様子をみて「調子に乗りすぎだ」と感じたらしい。

もともと関係性はよくなかったが、これをきっかけに頼房は頼重に露骨に冷たく当たるようになる。九六ページで紹介した通り、頼房も家光のお気に入りだったからなおさら嫉妬心がわいたのだろう。

これに心を痛めていたのが頼重の弟の光圀である。光圀は父と兄との確執を目の当たりにして心を痛めていた。思いつめるあまり側室が懐妊したのを知ると「男子ならば殺せ」と命じ、自分に後継者が生まれないように指図までしていた。

この時生まれてきたのは男の子だった。頼重はこれを知ると光圀と話し合って男子を引き取り、生後一か月で京都に、翌年には高松へ送って育てることにしたという。

こじれにこじれた親子兄弟関係は、その後頼房が亡くなり、光圀が二代目当主に就任するときに決着する。

光圀は自身が水戸徳川家二代目当主となることを了承する代わりに一つ条件を付けた。それは兄・頼重の長男の**綱方**《つなかた》を自分の養子にして嫡男として扱い、水戸徳川家三代目にすることだった。「兄こそが本来水戸徳川家当主になるべき人なのだ」という自身の積年の葛藤に、そうすることで折り合いを付けたかったのだろう。

こうして頼重の長男・綱方が水戸徳川家次期当主として扱われるようになったが家督相続前に亡くなったため、綱方の同母弟・綱條が水戸徳川家の三代目当主となった。

一方、頼重の養子となって高松松平家の二代目当主になったのは、生まれたときに殺されかけたあの、光圀の長男・**頼常**《よりつね》であった。

以上のように、御三家、御三卿、御家門が「徳川一門」としてくくられる徳川宗家の血縁集団だ。

家督相続の面においてはもちろん、時には政治的な局面においても宗家を一門で援護する体制がこれだけ盤石であったことが、徳川家による日本史上稀にみる長期政権を実現させた大きな要因の一つなのである。

第四章

「松平」がいっぱい
～外様大名だって「松平」ファミリー！～

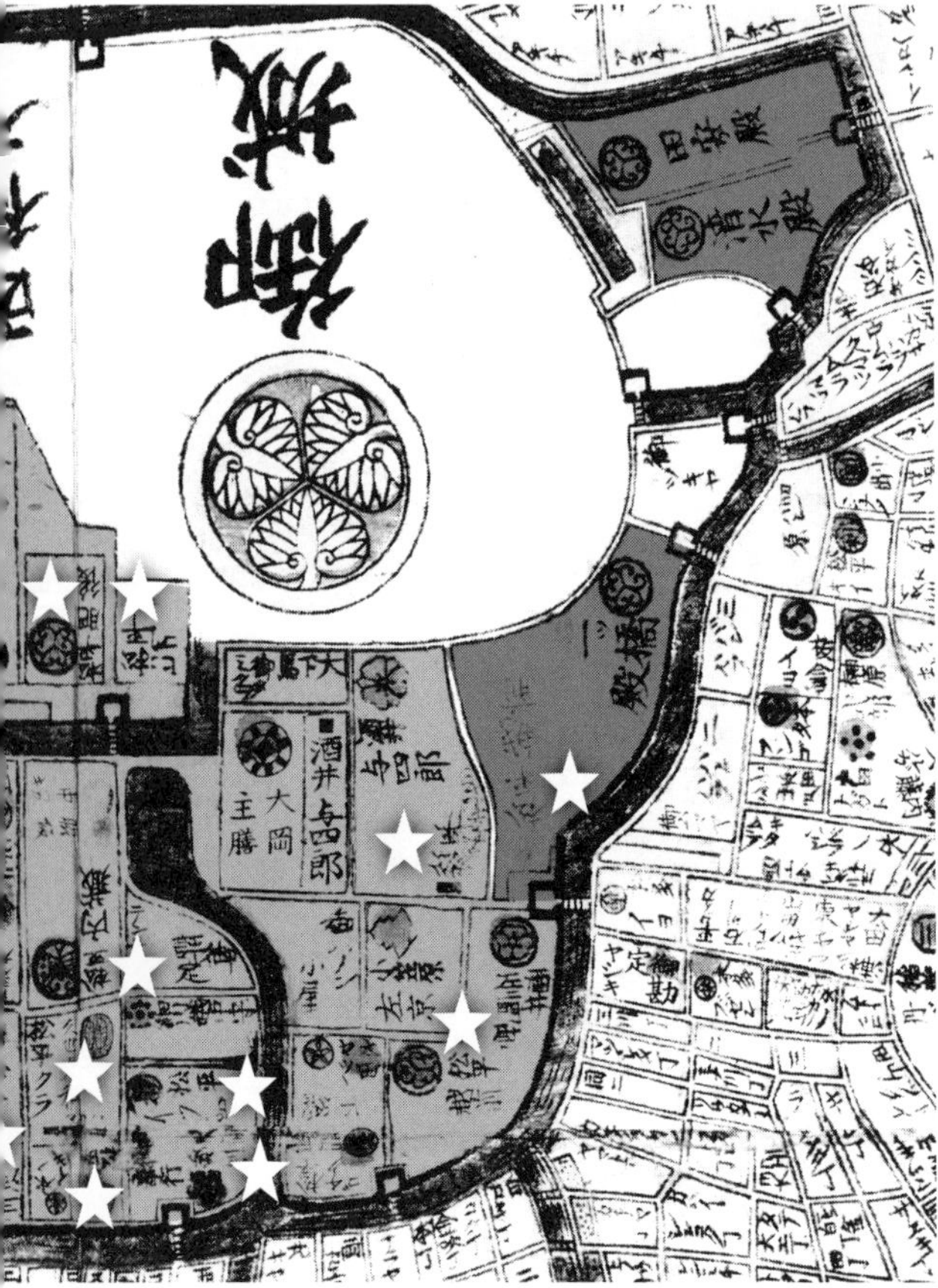

外様＆譜代大名エリア

親藩＆御家門＆譜代大名エリア

御三卿エリア

★ ＝「松平」大名の上屋敷

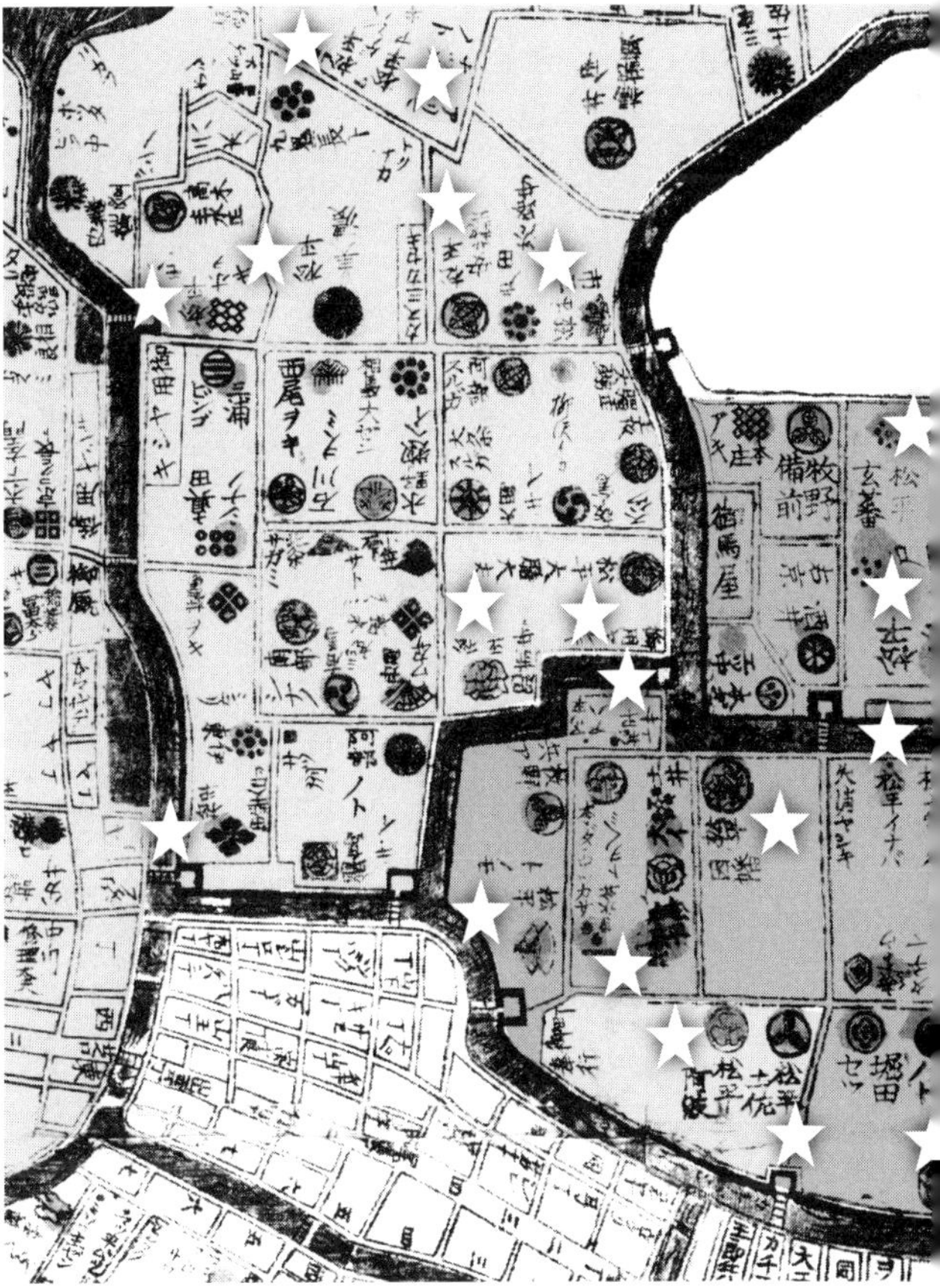

江戸城の周りは松平だらけ（『弘化改正御江戸大絵図』部分）

江戸時代後期の江戸城の周辺の地図を見ると妙に「松平」が多い！その理由は……

※屋敷の配置は時代によって異なるが、ざっくり御三卿、親藩＆御家門＆譜代大名、外様＆譜代大名の屋敷地にエリア分けされている

❖江戸城の周りは「松平」だらけ

前のページに掲載したのは幕末の江戸城周辺の地図。お気づきになられただろうか……。城の正面玄関である大手門の近くの屋敷が「松平」だらけということに。

これはいわゆる三河十八松平や御家門といった親戚筋だけでなく、徳川家と繋がりが深いと認められた（血縁がある場合もない場合もある）有力大名などの家臣筋の中にも「松平」を名乗った家があるからだ。

家康をはじめ徳川将軍は、有力大名に「松平」を名乗ることを特別に許可し、身内とみなすことで徳川政権の基盤に取り込んだ。

これは家康の独創ではなく、元々は羽柴秀吉が盛んに用いた手法であった。

ただし秀吉の場合は、「羽柴」という名字を与えるのと前後して本姓も「豊臣」へ改姓させている。本姓というのは本来の氏という意味。当時の日本社会では主に所領に由来する名字（松平、徳川など）のほかに、同一の血族から発生していることを示す本来の氏＝本姓（源、平、藤原など）が強く意識された。

秀吉は天皇の許可を得て新たに「豊臣」という氏を創始し、有力大名たちに授姓した。もちろんその人たちが秀吉の同一血族から発生していたというわけではないが、本姓を利用して擬制的親族関係をつくることで大名との連帯感を最大限に強めて羽柴政権を安定させる狙いがあったのだ。

家康も秀吉の家臣だった時代には名字として「羽柴」を名乗ることを許されていた。例えば文禄三年(一五九四)に秀吉が家康宛に発給した知行目録の宛名は〝羽柴江戸大納言〟である。これは秀吉が家康を一族同様に頼りにしているとする証《あかし》だから、本人も名誉なこととして受け入れていただろう。

一方、本姓の改姓に関してはどうであろうか。

松平家は家康の祖父・清康以来、源氏にルーツを求めていた。家康も自身が源氏の流れを汲む者であること(というイメージ)に強いこだわりがあり、永禄四年(一五六一)に三河統一に着手して文書を発給するようになると署名にも源氏を用いた。

ところが永禄九年(一五六六)、三河統一に伴って三河守叙任の際に朝廷から正式に認定された本姓は藤原氏だった。というのも、家康はこの時に「松平」から「徳川」への名字変更を申請したのだが、先例がないという理由でなかなか許可が下りず、ようやく探し出したのが「得川(徳川)は本来源氏だが、その筋が分かれて藤原氏になった」という大変珍しい系図だったからだ。このため徳川家は本姓は藤原氏として認定された。

家康の藤原氏授姓については、おそらくこの問題を朝廷側と調整したのが藤原氏の氏の長者である近衛前久《このえさきひさ》であったことも関係していると考えられる。第一章で述べた通り「松平」「徳川」のルーツは源氏というストーリー自体がそもそもフィクションと考えられるため、手続き上やむを得なかったということだろう。

ただ源氏を自称してきた家康にしてみれば藤原氏では不服なこともあり、粘り強く工作を重ねて天正十六年（一五八八）ごろには藤原氏から源氏に復姓した。

しかしその後、秀吉に臣従した証として家康に豊臣姓が授姓されたようだ。ようだ、というのはその証拠となる史料が現時点では一点も確認されていないからである。

ただ家康の嫡男・秀忠への豊臣氏授姓が確認できる文書が残っているし、先に述べた通り家康自身も文禄三年（一五九四）の知行目録では羽柴の名字を許されているから、状況から考えて秀吉は家康にも豊臣氏を授姓したと考えるのが自然とされている。

なのに文書史料が全く残っていない。ということは、家康本人が豊臣氏の授姓を拒否し続けたか、秀吉政権下では甘んじて豊臣氏を賜り秀吉死後にその痕跡をすべて抹消したか、もしくは家康以降の将軍や幕府が記録類を残らず破棄したかだろう。どちらにせよ強い拒絶反応があったことは間違いなさそうなのだ。

家康は秀吉の死後、関ヶ原の戦いに勝利すると再び源氏に復姓している。

このように本姓というのは一族のアイデンティティの根幹にかかわる問題であるから、

下手に踏み込むと家臣との間に軋轢《あつれき》を生みかねなかった。

そこで家康は秀吉のいいとこ取りをする。すなわち有力大名の尊厳に配慮するため本姓の改姓については無理強いはせず、「松平」という名字の使用を許可。こうすることで「徳川家は貴方の家を大切に思い、一族同様に頼りにしております」という意思表示をしたのだ。屋敷を江戸城のすぐそばに与えたのも信頼の証といえる。

時の最高権力者にロイヤルファミリーの一員扱いをされて嫌な気がする人はいまい。諸大名にとって「松平」の名字を名乗れることは最高の名誉にして特権階級の証となり、そのブランド価値は唯一無二のものとなった。

「松平」を許された譜代大名には、家康の家臣で特に軍功を評価されて家康の長女亀姫が輿入れした奥平《おくだいら》家や、戸田家、松井家、大須賀《おおすが》家、もともと武田家の家臣で武田家滅亡後に家康に仕えた依田《よだ》家などがある。また、将軍家と格別に縁が深いと認められた場合としては、例えば五代将軍・綱吉の時には綱吉の母・桂昌院方の縁者である本庄家や、綱吉の側近中の側近である柳沢吉保がある。

そして超有力外様大名にも「松平」を名乗ることを認めた。

外様大名とは慶長五年（一六〇〇）の天下分け目の関ヶ原の戦い前後で徳川家に臣従した大名のこと。幕府草創期には、またいつ徳川将軍家の敵になるかわからない軍事的緊張関係が色濃くあり、初代・家康と二代・秀忠、三代・家光は改易と転封により外様大名を厳しく統制した。

しかしその一方で「松平」ブランドを利用した懐柔政策も行っていたのだ。

この章では外様大名の明暗を分けた関ヶ原の戦い前後の状況を中心に、大名たちがいかにして松平を名乗るに至ったかをご紹介しよう。

❖鼻毛で守った百万石・加賀の前田家

秀吉晩年の羽柴政権下における有力大名のトップ5、徳川家康、前田利家《としいえ》、毛利輝元《てるもと》、上杉景勝《かげかつ》、宇喜多秀家《ひでいえ》を五大老と呼ぶ。その筆頭は徳川家康だったが、家康と並ぶ権威を有していたのが前田利家だった。

家康は政治力、軍事力、経済力、社会的地位、全てにおいて利家に勝っていたものの、利家は秀吉と竹馬の友ともいえる信頼関係を築いており秀吉恩顧の大名たちからの人望が絶大だった。

秀吉死後、家康が権力強化に乗り出した時にその動きを牽制したのも前田利家である。家康にとって前田家は目の上のタンコブ……いやいや、恐るべき存在であった。

このため家康は、利家が没すると前田家二代目当主になった利長《としなが》（利家の長男）に早速

前田家の領国

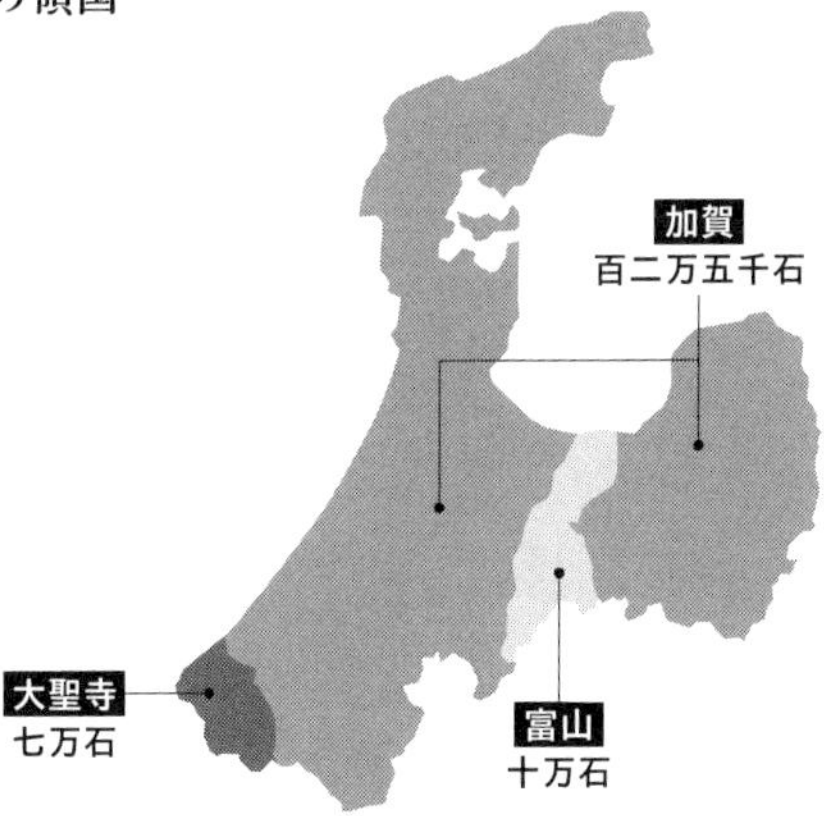

金沢を中心に加賀百万石を治めた前田家。広大な領地を死守するための涙ぐましい努力がありました。

ゆさぶりをかける。

利長による家康暗殺計画の噂がもちあがったため、大軍を招集して前田家が拠点とする加賀国金沢城（石川県金沢市）への出兵準備を始めたのだ。いわゆる加賀征伐である。

利長に家康暗殺の意思はなかったが、噂が立つだけでも加賀征伐の口実としては十分だった。前田家の家中は交戦派と恭順派で真っ二つに割れたが、利長が選んだのは恭順であった。

その証として母の芳春院《ほうしゅんいん》（前田利家の正室で、利長の母。名はまつ）を人質として江戸へ送り、徳川秀忠の娘（家康の孫・三歳）珠姫を自身の後継者である利常《としつね》（利長の異母弟。七歳）の正室として金沢に迎えて家康に臣従する意思を示す。

こうして加賀征伐は回避され、慶長五年（一六〇〇）の天下分け目の関ヶ原の戦いでも前田家は家康の指揮する東軍側についた。

長いものに巻かれる消極的な態度に見えるが、前田家の人望は秀吉と利家の個人的な友人関係に依拠する部分が大きかったため、二人の没後に同じような求心力を保ち続けられるかといえばそれは無理な話だった。もし実際に徳川家との本格的な武力衝突が起こっていたら前田家は滅亡、本拠地である金沢にも甚大な被害が出ていただろう。利長は前田家を守り、領民を争いに巻き込まないために徳川家への臣従を決めたのだ。

関ヶ原の戦いを境に天下の趨勢《すうせい》が家康に一気に傾いた結果をみれば、利長の大局観が正しかったことは明らか。賢明な判断だったといえよう。

利長には跡を継ぐ男子がいなかったので、異母弟の利常が慶長十年（一六〇五）に家督を継いで三代目となった。

この時にはすでに江戸幕府が開かれ、二代将軍・徳川秀忠と大御所となった家康による全国統治が始まっていた。このころ利常と秀忠の娘・珠姫との正式な婚儀が行われ、前田家は外様大名の中でいち早く松平の名字を名乗ることを許されている。

政略結婚で結ばれた利常と珠姫ではあったが夫婦仲はすこぶる良好で、三男五女の子宝にも恵まれた。しかし珠姫が二十四歳という若さで亡くなると、利常の奇行が目立つようになる。

例えばこんなことがあった。利常が体調不良で登城日に江戸城に出仕できず、快復して後日登城した時に、老中に「先日は御出仕されませんでしたが、今日は気がむいたのですか?」と嫌味を言われた。すると利常は「睾丸が痛み歩けなかったのです。見てくだされ」といって袴を脱ぎ、諸大名が居並ぶ前で睾丸を丸出しにしてみせたという。

また、江戸城には「立小便禁止。これを破ったら黄金一枚の罰金」という立札が立っていたが、利常は「大名がたかだか黄金一枚惜しさに小便を我慢するものか」といって、その立札に立小便をかけたそうだ。

さらに、利常の鼻毛が異様に伸びまくっていたので、家臣が気にかけてさりげなく鏡や毛抜きを渡したなんて話も残っている。……え、この人、大丈夫⁈と思ってしまうが、そう思わせることこそが利常の狙いだったのだ。『明良洪範《めいりようこうはん》』(江戸時代中期成立の徳川家に縁のある武士の逸話集。僧侶で兵法家の真田増誉の書)によると利常は家臣たちにこう言った。

我は鼻毛が伸びていれば世間で愚か者として笑われることぐらい心得ている。そのうえでなぜそのままにしているのか理由を話そう。

我は日本有数の位と領地を有する大名である。このような立場で利口を鼻にかけるようなことをしたら謀反を疑われかねない。愚か者だと思われていればこそ、前田家が治める加賀、能登、越中の三か国は安泰なのだ。

江戸幕府を開いた徳川将軍家が他の大名に比べて圧倒的な存在となりえたのは、将軍の権限として諸大名の転封（領地替え）と改易（身分剝奪の上、領地没収）を行う権利を有したからだった。

縁組をしたとはいえ、外様大名最大の石高を誇る前田家が徳川家から最も警戒される存在であることに変わりはない。少しでも謀反の疑いをもたれれば、それを口実にいつ転封や改易対象にされてもおかしくなかった。

そこで利常は「あの前田家が謀反を起こすなんて絶対ありえない」と十人中十人が侮るような愚か者のふりをした。

こうして〝加賀百万石〟を守りぬいたのである。

利常の態度を徳川将軍家側も評価していた。亡くなった珠姫が産んだ利常の嫡男・光高《みつたか》と、家光の養女（水戸徳川家の初代当主・徳川頼房の四女）大姫との縁組を行ったことからも、徳川将軍家側が積極的に前田家との縁を深めようとしていたことがわかる。

前田家御守殿門（東京大学赤門前にて著者撮影）

丹色の塗料は超高価！ 赤門はハイソでリッチな証ですが、維持費がかかり大変でした。

　こうして前田家は、もともとは羽柴秀吉と繋がりが深い超有力外様大名にもかかわらず、松平ファミリーの一員として徳川一門並みの待遇を受けるようになったのだ。

　その後も徳川家と前田家の縁組は続く。十三代目当主・前田斉泰《なりやす》の時には正室に徳川家斉の二十一女（！）の溶姫《ようひめ》を迎えており、この時に作った御守殿門（将軍家の娘が輿入れした際に作ることが許された丹塗《にぬ》りの門）が東京大学の赤門として現存している。

　ちなみに百万石というのは加賀、能登、越中の三か国にわたる前田家の領土の豊かさをざっくりと表わしたイメージ。利常のころの実際の石高は百十九万五千石で、利常が隠居の際に次男に富山十万石を、三男に大聖寺七万石を分け与えたので加賀の石高は百二万五千石に落ち着いた（一五七ページの地図参照）。

❖もらいそこねた百万石・仙台の伊達家

羽柴秀吉は晩年に諸大名が縁組をする際にはあらかじめ秀吉の許しを得てから行うべしという私婚禁止の掟《おきて》を定めた。

後継者の秀頼は秀吉が五十七歳の時に生まれた子。秀吉は当時の寿命を考えればいつ死んでもおかしくない年齢になっており、自分の死後に大名同士が縁組によって同盟関係を築いて秀頼の脅威になることを恐れての処置であった。

慶長三年（一五九八）秀吉が六十二歳で死去すると、その後も私婚禁止の掟は活かされることになったが早速これを破った人物がいる。徳川家康だ。

きっかけは伊達政宗《だてまさむね》が家康に接近してきたことだった。五大老筆頭で関八州を治める家康と東北地方最大にして最強の有力大名である政宗が手を組めば一大勢力が完成する。このため家康は私婚禁止の掟を黙殺して、自身の六男・忠輝と伊達政宗の長女・五郎八姫との縁組を成立させた。

前田利家は激怒し、他の大老や羽柴政権の実務を担当していた五奉行らとともに家康を詰問したが、家康は「連絡が行き違ったみたいですね」などとはぐらかして伊達家との婚姻関係をそのまま押し通した。

その後、前田利家が死去すると蜂須賀《はちすか》家、福島家といった秀吉恩顧の大名も接近してきたため、家康は自身の養女と蜂須賀家、福島家の子息との縁組を成立させて勢力を拡大した。

こうして慶長五年（一六〇〇）の天下分け目の関ヶ原の戦いの前までに、掟破りの私婚によって羽柴政権内でのパワーバランスは家康優位に大きく傾いていたのだ。この流れを作ったのは、伊達政宗だった。

関ヶ原の戦いにあたっても家康は敵対する会津の上杉景勝の抑えとして伊達政宗を起用。この時に見返りとして提示したのがいわゆる「百万石のお墨付き」である。

政宗は一時東北地方に百十四万石という広大な所領を有していたが、秀吉の旗下に下った際に五十八万石に大幅減封されていた。家康はこの五十八万石にプラスして、上杉景勝の領地となっていた伊達家の旧領およそ五十万石（刈田・伊達・信夫・二本松・塩松・田村・長井の七郡）を切り取り次第政宗に与えると約束したのだ。

実現すれば伊達家の所領は百万石を超えるため、政宗は喜んで了承。それだけでなく、合戦の混乱に乗じて東北地方で一揆を煽動し、さらなる領土拡大を図っている。彼には、その能力相応の野心があった。

しかし、始まってみれば関ヶ原の戦いはわずか数時間で決着がつき、上杉領を切り取る時間すらほとんどなかった。戦後の論功行賞の結果、政宗の加増は戦で切り取った刈田のわずか二万石。後に飛び地の二万石が加増されて、伊達家の所領は六十二万石に落ち着いた。

政宗この時、三十四歳。あと二十年生まれるのが早ければ天下取りに絡んだともいわれる戦の天才であったから、この微々たる恩賞に不満はあったかもしれない。

しかし、これから始まる新時代の頂点に君臨するのは徳川家康であることを理解できないほど愚かな男ではなかった。むしろ賢すぎるぐらいの男であった。

家康に睨まれたら六十二万石すらあやうい。政宗は徳川家康に従う有力外様大名としてのポジションを固めるべく気持ちを切り替え、自身の拠点として新たに仙台城を築城。城下町の開発と統治にいそしんだ。

家康も機を見るに敏な政宗の才能を非常に高く買い、野心があったことも理解していたから、なんとしても身内として抱き込んでおきたいと考えた。

慶長十一年(一六〇六)には十五歳になった家康の六男・忠輝と十三歳になった政宗の長女・五郎八姫との婚儀を江戸城にある忠輝の屋敷で行っている。

伊達政宗像（仙台城跡にて著者撮影）

戦国武将の印象が強い政宗ですが、実は幕府創業のキーマン。銅像も文句なしの伊達男ぶりです！

翌年には家康の五女・市姫（母は側室のお梶。後の英勝院）と政宗の次男・忠《ただ》宗《むね》との縁組も決め、政宗に松平を名乗ることを許した。

その後、秀吉の遺児・秀頼を担ぎ上げた勢力と徳川家との最後の決戦となった大坂の陣でも政宗はもちろん徳川家側に味方して勝利に貢献。しかし元和二年（一六一六）に家康が駿府城で危篤になると「伊達政宗に謀反計画あり」という噂が立つ。

政宗には全く身に覚えがなく、直ちに駿府城に駆け付けて釈明。家康は政宗の言い分を全面的に信用し「これからの将軍家は政宗に任せる。つつがなく天下が保たれるかどうかは其方にかかっている。秀忠にも我亡き後は其方を父と思うよう申しおく。徳川家が続く限り伊達家をおろそかにすることはない」と遺言してこの世を去った。

こうして政宗は二代将軍・秀忠の後見人になった。秀忠が五十代半ばで病に倒れると、政宗は密かに秀忠の病床に呼ばれ、「天下が保たれたのは貴方が権現様（家康）のいいつけを守ってくださったお陰だ。息子の家光の事をよろしく頼む」と涙ながらに後を託されたという。

家康、秀忠が政宗に寄せた信頼はかくのごとく絶大であった。

三代将軍・家光も政宗によく懐き、父のように慕っていた。『大猷院殿《だいゆういんどの》御実紀』（徳川幕府による家光の公式記録。江戸時代後期に編纂）によると、

政宗は歴世の遺老であるから家光公のご優待はなみなみならないものがあった。しばしば江戸城に招いてお茶や酒宴に誘ったり、猿楽を一緒にご覧になったりした。政宗は日頃、大脇差を好んでいたが御前へは決して持ち込まなかったので、家光公は「今度は脇差を帯びたまま来てほしい。でないと酒を飲ませないぞ」と戯《たわむ》れにおっしゃった。

政宗は感激してこのことは死んでも忘れないといって泣き、大脇差を携えての家光と

の酒宴ではことさらに酒を飲み、酩酊して眠り込んでしまった。

この時に近習の者が大脇差はどんなものだろうかとこっそり鞘《さや》から抜いてみると、それの中身は木刀であった。

政宗が家光の戯れに応えるためにこのような心配りを密《ひそ》かにしていたと知り、人々は深く感動した。


という。

政宗が病に倒れたと聞くと、家光は幕府の大老を使者として見舞いに遣わして、将軍家に仕える名医はもちろん、江戸、京都、大坂で腕がよいとされる医者をことごとく集めて治療にあたらせ、寺社に祈禱を命じるなどあらゆる手を尽くした。

しかしその甲斐なく政宗危篤の知らせが届き、家光自ら政宗の屋敷へ見舞いに出かけることになった。家光の来臨を知った政宗は、最早《もはや》両脇と後ろから支えてもらわねば体を起こすこともできない状態であったが、行水をして身を清め、髭と月代《さかやき》を剃り、新しい裃《かみしも》に着替えて出迎えたという。

〝伊達男〟の語源になったあっぱれな美意識は、今際《いまわ》の際にも健在だった。

政宗が亡くなったのは家光と面会した三日後のことである。享年七十。

❖智謀でもぎ取る五十二万石・福岡の黒田家

秀吉の没後に私婚禁止の掟を破り着々と勢力を拡大した徳川家康。

これに対し羽柴政権の実務を担当していた五奉行の一人・石田三成は嫌悪感をあらわにし、家康を除く大老や奉行たちとともに反家康勢力を形成した。

しかし羽柴政権内にはその石田三成に反発する勢力もあった。その先頭に立ったのは俗に七将と呼ばれる秀吉恩顧の武将、福島正則《ふくしままさのり》、加藤清正《かとうきよまさ》、池田輝政《いけだてるまさ》、細川忠興《ほそかわただおき》、浅野幸長《あさのよしなが》、加藤嘉明《かとうよしあき》、黒田長政《くろだながまさ》ら七人だ。

文治派の石田三成と武断派の七将は全く反りが合わなかった。

前田利家亡き後は三成と七将の間に入って仲を取り持つことができる人もいなくなり、三成の屋敷に七将が押しかける事件まで起こっている。深刻な不和だったのだろう。この時は家康が間に入り、三成を五奉行から引退させることで和解を成立させた。

この一件で羽柴政権内で家康の存在感がさらに増したことは言うまでもない。

七将の中で家康支持に積極的に動いたのが黒田長政だった。

長政の父・黒田如水《じょすい》は、長年軍師的に秀吉を支えた羽柴政権樹立の立役者であったが、所領は豊前六郡十二万石。功績に対してあまりにも低い評価だ。これは切れ者の如水がいずれ羽柴政権を脅かすほどの存在になるのではないかと秀吉が恐れたためともいわれている。

また長政自身も朝鮮出兵の際の不行跡《ふぎょうせき》を三成の関係者から讒言《ざんげん》され、秀吉から叱責されたことがあった。

羽柴政権が続く限り黒田家は冷遇され続けるに違いない。

危機感を持った長政は羽柴家を見限って徳川家康に接近。黒田家の命運を賭して、家康を新時代の覇者とするべく奔走した。

家康が慶長五年（一六〇〇）六月に会津の上杉景勝征伐に乗り出すと、長政は正室を離縁して家康の養女・栄姫を継室として迎え、徳川陣営に与する旗色を鮮明にする。

ちなみに上杉征伐は、秀頼の上洛要請に応じない上杉景勝が秀頼に対して謀反を企てているという名目で企画されたもので、出兵に際して家康が秀頼から黄金二万両と米二万石を下賜されていることから羽柴政権公認の軍事行動だった。このため黒田長政以外の秀吉恩顧の諸大名も家康に従って上杉征伐に参加し、東へと向かっていた。

ところが同年七月半ば、五奉行のうちの三奉行（増田長盛《ましたながもり》、長束正家《なつかまさいえ》、前田玄以《まえだげんい》）が連名で「内府ちがいの条々」という家康に対する弾劾状を発し、家康を秀頼の敵と認定して突然羽柴政権から排除した。

この動きに奉行を引退した石田三成も加勢。安芸国（広島県）を拠点とする大大名で、五大老の一人である毛利輝元を総大将に担ぎ上げ、打倒家康の狼煙《のろし》を上げた。これが後世に西軍と呼ばれる勢力である。

上杉征伐に参加していた武将たちは当然混乱した。主君である秀頼公認の上杉討伐の総大将が家康なので家康に従って行動していたのに、その家康が主君である秀頼の敵になる、というわけがわからない状況になったのだから無理はない。しかも武将たちは妻子を上方に残していて西軍に人質に取られた状態だった。西軍につくべきか、対する徳川家康の東軍につくべきか、各々が究極の選択を迫られた。

この時に、諸将を説得して東軍に引き入れた功労者が黒田長政だった。

例えば、西軍挙兵の知らせを受けた家康は七将筆頭の福島正則に上杉征伐の行軍停止を要請する手紙を出しているが、その中に「委細は黒田甲斐（長政）につたえてあるから詳しくは書かない」とあり、長政が家康の手足となって動いていたことがわかる。

長政の仲介の甲斐あってか福島正則は家康に与することを決め、諸将もこれにならって次々に東軍の旗下に入った。

長政はさらに、父・黒田如水以来築いてきた人脈を駆使して、西軍総大将の毛利輝元を支え〝毛利両川《りょうせん》〟と謳われた吉川広家《きっかわひろいえ》、小早川秀秋《こばやかわひであき》といった西軍の超有力武将たちの調略に成功。ついに迎えた九月十五日、関ヶ原の戦いの当日には長政自身は東軍の切り込み隊長として西軍相手に果敢に奮戦した。そして事前交渉の通り、吉川広家は戦に不参加で毛利軍の動きを止め、小早川秀秋が東軍に寝返って内側から西軍を攻撃。西軍は大混乱に陥った。

天下分け目の大合戦でありながらわずか数時間という超スピードで東軍勝利で決着がついたのは、長政による事前工作が功を奏し、戦いが始まる前に水面下で東軍優位の状況を構築できていたからなのだ。

家康もその功績を最大限に評価し、戦後の論功行賞により長政は豊前六郡十二万石から筑前国五十二万石へ領地替えとなり大幅加増を受けた。長政は新たな領地の中から福崎を選び福岡と改名。福岡城を築き黒田家の拠点とした。

長政の嫡男・忠之《ただゆき》の正室には秀忠の養女を迎え、忠之が松平を名乗ることも許された。

羽柴から徳川への乗り換えという人生を懸けた大勝負に勝った黒田長政は、亡くなる二日前に家臣に次のような遺言を残している。

関ヶ原の戦いの日に戦場で奮戦したなどということは別にどうということはない。私の第一の功績は智謀をもって吉川、小早川を味方にしたことである。これによって東軍

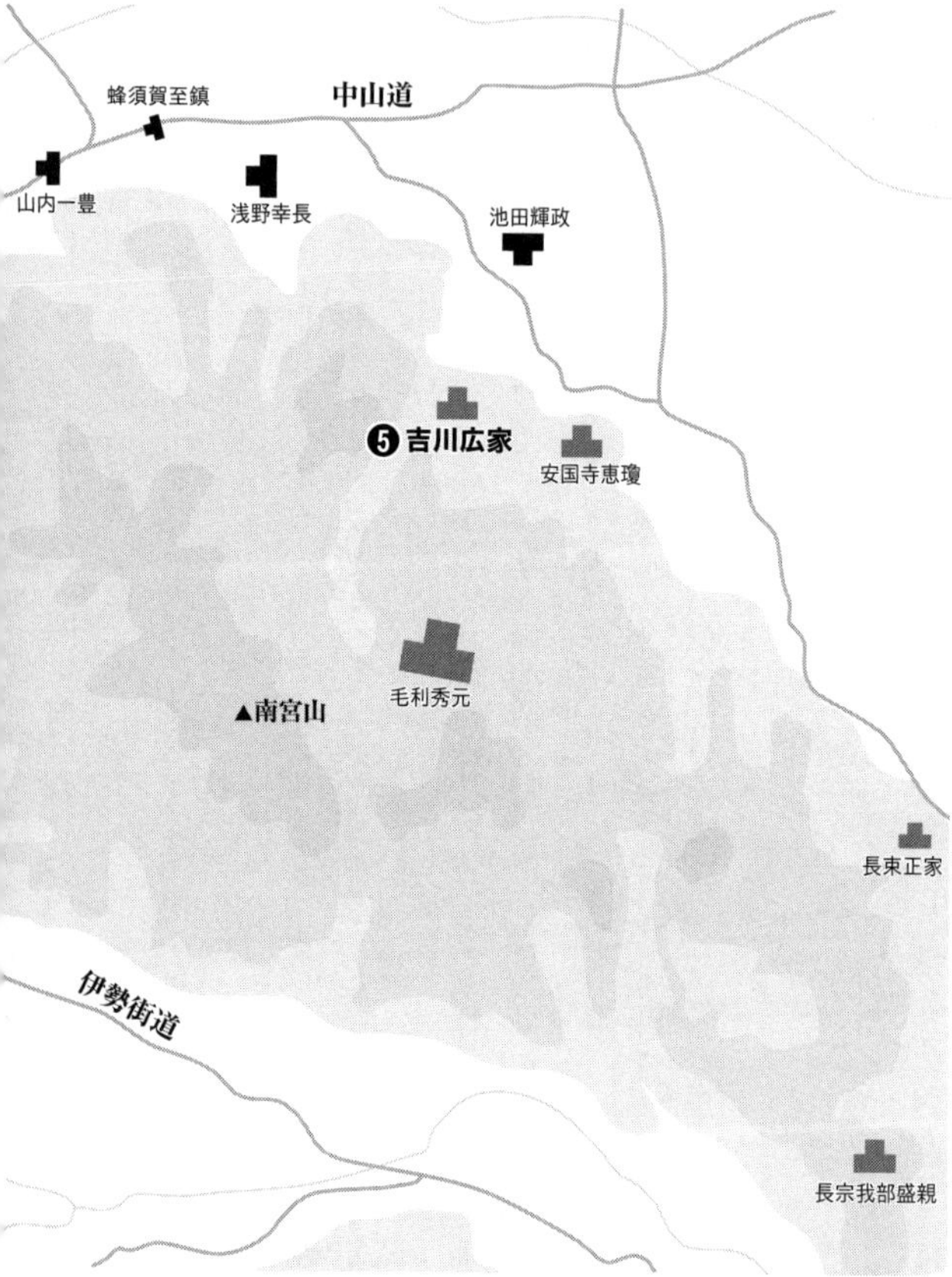

(『日本戦史関ヶ原役』より)

に寝返り、❺吉川広家も南宮山に陣を敷く毛利軍の動きを膠着《こうちゃく》させます。背後の毛利軍が動かないことを確信した家康は本陣を前に進め、西軍はまもなく総崩れとなりました。

関ヶ原布陣図

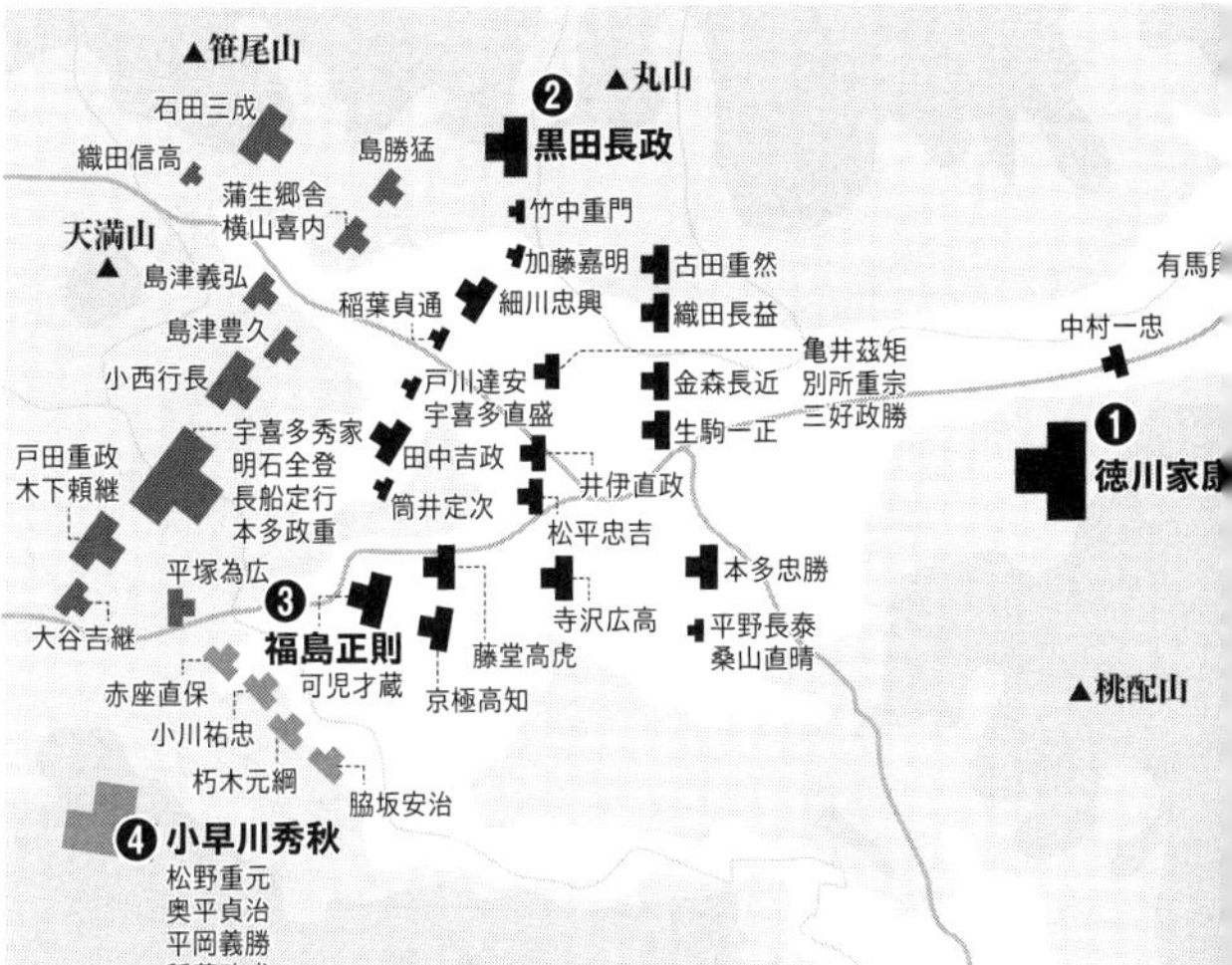

関ヶ原に入った❶徳川家康は東軍布陣地の後方にある桃配山に本陣を構えました。井伊直政＆松平忠吉が敵部隊と接触して鉄砲を放つと、先鋒の❸福島正則の部隊が戦端を開き、❷黒田長政が開戦の狼煙を上げます。長政の事前の調略によって開戦後まもなく❹小早川秀秋が西軍から東軍

に味方する人が多くなったのだ。

（中略）

関ヶ原の戦いの後に家康公は私の手を取って「この勝利は長政の忠義のたまものである」とおっしゃり筑前一国を下さった。これは誠にありがたいことだけれども、私や父・如水の功績を思えば物足りない位だ。

将来、黒田家の子孫が過ちを犯して筑前国が改易の危機にさらされることもあるだろう。その時は徳川家に、私や父・如水の大功を申し上げればきっと筑前一国は安堵してくださるはずだ。


満足げに関ヶ原を振り返る長政の姿が、目に浮かぶようである。

❖夫婦で勝ち取った二十万石・土佐の山内家

山内家に伝わる『御家伝記』によると、徳川家康は関ヶ原の戦いの後に「山内一豊《かずとよ》の忠節は東軍勝利の木の本。その他の者は枝葉に等しい」と絶賛し、一豊に土佐一国（高知県）を与えたという。

ただ山内一豊は関ヶ原の戦いの合戦場でめぼしい活躍をしたわけではない。ではなぜ家康は一豊をそこまで評価したのか。それは一豊の妻、見性院《けんしょういん》（本名不明。後世に千代という名で知られる）の内助の功によるところが大きい。

山内一豊は尾張国岩倉城主の織田信安《のぶやす》に仕える武士の子として生まれたが、十五歳の時に岩倉城が織田信長の手勢に攻められて落城し、父親もこの時に戦死。一家離散となり、諸国を放浪した末に親の仇ともいえる信長に仕えることになったという苦労人である。

一豊を支え、出世に導いたのは妻の見性院であった。

俗に〝名馬購入伝説〟として知られるこんな話がある。一豊が信長に仕え始めたころ城下で立派な馬が売られているのを目にしたが、購入するためには黄金十両が必要であった。貧乏暮らしをしていた一豊には到底購入することができなかったが、このことを家で見性院に話すと、見性院は黄金十両をポンと差し出した。

これは一豊に嫁ぐ時に見性院が実家からここぞという時に使うために持たされていた金で、見性院は「今度信長が都で馬揃えをすると聞きました。名馬で参加すれば信長様に覚えてもらえるはずです。是非このお金を使ってください」といった。

一豊はこれで名馬を購入して馬揃えに参加し、見事信長の目に留まり、出世が始まったのだという。

この話は江戸時代に書かれた様々な書物に記載があり、細部に違いはあるがおおむねこのような内容で伝わっている。あまりにデキ過ぎで、作り話ではないか？とも言われているが、全くの作り話ではなく似たような出来事があったのではないかとも考えられている。

彼女であればそうしたかもしれないと思わせる説得力が見性院にはあった。

見性院にまつわる伝説は数多く存在するが、実際にあったと考えられているのが〝笠の緒文〟の逸話だ。

一豊は本能寺の変で織田信長が討たれると、秀吉の家臣として活躍。遠江《とおとうみ》国掛川に五万石の所領を与えられ小大名となった。

その秀吉も亡くなって迎えた慶長五年（一六〇〇）七月。家康の上杉征伐に参加している最中に「内府ちがいの条々」が出され、家康率いる東軍につくか、それとも西軍につくのか決断を迫られることになる。

一豊は心ひそかに東軍に与することを決めていた。しかしもともとは信長→秀吉恩顧の家臣であり、しかも妻の見性院が大坂で西軍の人質に取られている状況だ。家康から見れば「山内一豊は最終的には西軍につくだろう」そう見られても仕方がない立ち位置だった。

悩む一豊のもとにやってきたのは見性院からの使者だった。

使者は密封された文箱を持っていて、被っている笠の緒には見性院から一豊宛に書かれた「文箱を未開封のまま家康公に届けてください。この手紙は読んだら燃やしてください」という手紙が結び付けられていた。

一豊は書いてある通りにして文箱を家康のもとに届けた。文箱の中には二通の手紙が入っていて、一通は西軍から一豊に宛てられたもので、西軍に味方することを要請する内容だった。

もう一通は見性院から一豊に宛てられた手紙で「私のところに西軍からこういう手紙が届いているけれど、どうか心配なく東軍の家康公に味方して忠節を尽くしてください」という内容であった。

つまり見性院は西軍が一豊のような秀吉恩顧の大名を勧誘していることをリークしたうえで、一豊自身は必ず東軍に味方する腹積もりであることを、未開封の文箱を届けることで家康に証明してみせたのだ。

家康はこれをもって一豊が絶対に自分を裏切らず味方になることを確信し、非常に喜んだという。

手紙が家康に届いた翌日には一豊自身が家康のもとに馳せ参じ、東軍進軍の導線上にある自身の居城である掛川城を明け渡して兵糧を提供することを約束。他の大名も続々とこれに続き、関ヶ原の戦いでの東軍勝利に大きく貢献した。

この話は山内家から幕府に報告されて『寛永諸家系図伝《かんえいしょかけいずでん》』（江戸時代初期に幕府が編纂し

山内一豊と見性院（郡上八幡城にて著者撮影）

二人三脚で戦国ドリームを勝ち取った夫婦。伝説が多いですが、中には真実もあるはず。

た諸家の公式な系譜）など様々な公式記録に記載されている。

山内家側からの情報提供によるものだから、もちろん盛られた内容であるという側面は否定できない。例えば掛川城の提供などは一豊の独創ではなく、もともとは同僚の堀《ほり》尾《お》忠氏《ただうじ》の発案であったことが判明している。

ただ、〝笠の緒文〟については、見性院の密書を届けた使者の家や、一豊の前で文を開いた人などの家にもそれぞれ伝承が伝わっており、これに近いことが実際にあったのだろうと考えられているのだ。

なにはともあれ関ヶ原の戦い後の論功行賞で山内一豊は遠江国掛川五万石から

土佐二十万石に栄転。一躍大大名に出世した。

夫婦で勝ち取った二十万石と言っていいだろう。

一豊は当時としては珍しく生涯側室を取らなかった。そして正室の見性院との間に後継者となる男子が生まれなかったため、甥の忠義《ただよし》が養子となった。

一豊が慶長十年（一六〇五）に六十一歳で死去すると、忠義が家督を相続。家康はこの年のうちに養女の阿姫と忠義を縁組させ、山内家に松平を名乗ることを許している。

❖屈辱の二十九万石（三十七万石）・防長二州の毛利家

毛利家では江戸時代の正月行事として次のようなことが行われていたという話が有名である。当主の前に重臣たちが集まり
「殿、今年はよろしいでしょうか」
と聞くと当主が
「いや、まだ早い」
と答えるというものだ。
よろしいでしょうか、というのは打倒徳川家の兵を挙げてもよいかという意味。
毛利家が関ヶ原の戦い以来、徳川家に積年の恨みを持っていたことを表わす逸話として

大変面白いが、残念ながらこのようなやり取りがあったことを裏付ける史料はなく後世に創作された都市伝説とみられている。

ただし、特殊な正月行事自体はあったようだ。『防長古今見聞集』（江戸時代後期に防長に伝わる逸話をまとめた本）によると、元旦に大広間での儀式が終わった後、襷《たすき》掛けに平服という臨戦態勢に着替えた譜代の家臣らが御小座敷に集って、当主とともに〝雁《かり》の包丁〟という儀式を行ったのだという。儀式の詳細は謎だが、天下泰平の江戸時代に主従が臨戦態勢で集まり、「戦う意志」を正月の度に示しあっていたというのは実に興味深い。

また、正月以外にも毛利家ならではの習慣があった。幕府は毎月十五日を月次登城日と定め、江戸に参勤中の大名は裃着用で江戸城に一斉登城する祝日と位置付けていた。これは関ヶ原の戦いが九月十五日に起こったことに由来するのだが、毛利家では九月十五日は〝不吉な日〟と位置づけて故事を祝う態度を見せず、江戸時代中期までは裃も付けなかったという。

関ヶ原の戦いが毛利家にとって黒歴史扱いだったことは間違いなさそうだ。

毛利家は鎌倉幕府の政所《まんどころ》別当であった大江広元《おおえのひろもと》の末裔という古豪の家で、戦国時代に毛利元就《もとなり》がでると、安芸国（広島県西部）を拠点に西日本最大級の大名に成長。その領国は山陽山陰十カ国から北九州の一部にまで広がった。

元就は毛利家を嫡男の隆元《たかもと》に相続させ、次男の元春《もとはる》は吉川家、三男の隆景《たかかげ》は小早川家とそれぞれ有力者の家に養子に出して、吉川家、小早川家両家で毛利家を支える、いわゆる〝毛利両川〟体制を構築した。

元就の孫の毛利輝元《てるもと》の代になると羽柴秀吉に臣従。毛利家の領国は最盛期よりは縮小したものの安芸を含む八か国百十二万石を領有する大勢力であることに変わりはなく、秀吉の遺命により徳川家康、前田利家、上杉景勝、宇喜多秀家らとともに五大老にも任命された。

前田利家が亡くなった後に徳川家康による上杉征伐が始まると、家康に対抗する勢力の象徴として輝元が西軍の総大将となり、大坂城に入城する。

こうした状況に苦悩したのが吉川元春の子で吉川家の当主となった広家である。吉川家には、「子孫に至るまで天下を競望してはならない」という毛利元就の遺言が伝わっていた。

元就は、毛利家はあくまで領国経営を第一と考えるべきであり、天下の覇権争いに絡むようなことがあってはならないとたびたび訓戒したのだという。しかし、形のうえではまさに徳川家康vs.毛利輝元で天下を競望する構図が出来上がってしまった。

残された吉川広家自身の書状によると、広家は輝元が西軍総大将になることは元就の遺言違反となることを憂慮。そして、求心力に乏しい石田三成が中心になっている西軍が敗北するだろうことを冷静に予見していた。

戦後に待っているのは毛利家の改易、つまり滅亡である。

このため広家は、毛利家がなんとか存続する道はないかと模索した。そしてかねてより懇意にしていた黒田長政を通じて家康に内通し、「今回の企てに輝元は主体的には関与していない。ただ担ぎ上げられているだけである」と弁明。ついに家康から「徳川家への忠節を尽くせば毛利家の所領を安堵する」旨の起請文を得ることに成功したのだ。

広家は関ヶ原の戦いが始まっても、家康側との密約通り、戦に参加せず毛利軍の動きを膠着させた。

この時、西軍総大将の毛利輝元は大坂城に控えていた。西軍敗北の知らせが入ると城内は騒然としたが、家康から所領安堵の知らせが届いたこともあり、大坂城から撤退する。

ところが、しばらくすると家康側から毛利家に「全所領没収」の通達が入った。輝元が石田三成と連携し、西軍側として主体的に動いていたことを示す多数の書状の存在が発覚したのだ。

家康はこれに激怒し、毛利家は領地召し上げの上で改易に処するとした。しかし黒田長政らのとりなしもあり、毛利家は改易、領地没収をした上で、改めて吉川広家に中国地方

毛利家の領国

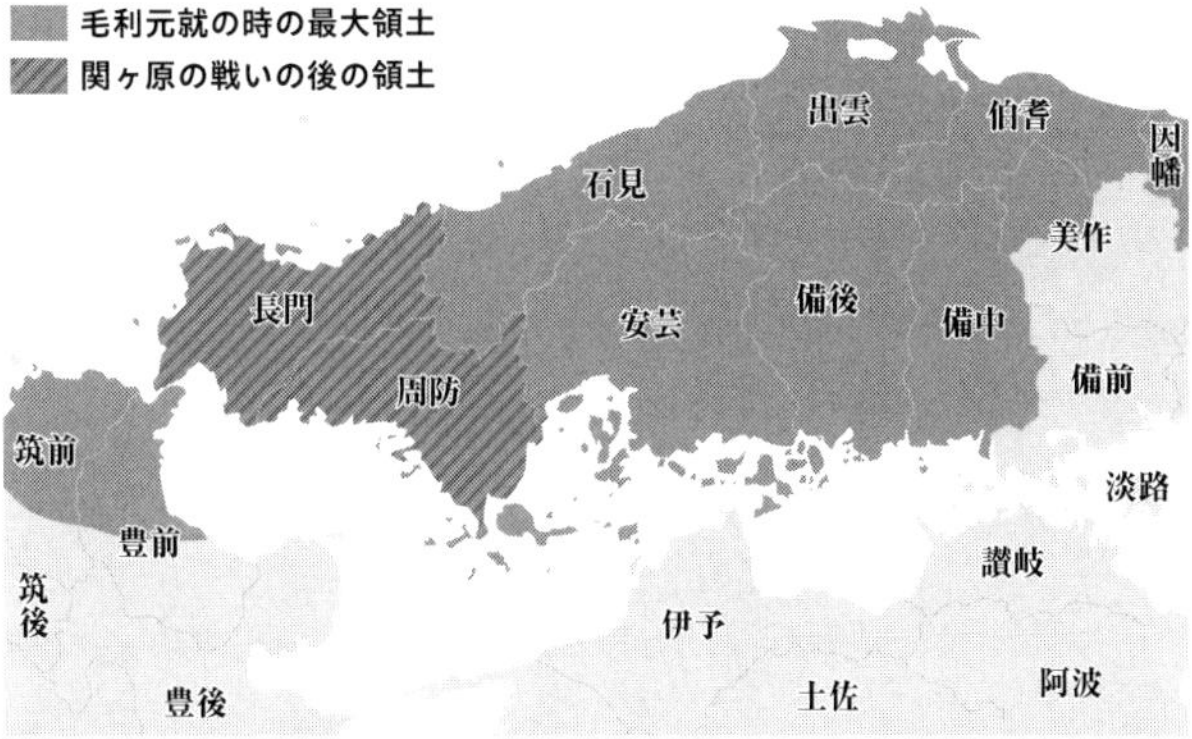

毛利元就の時の最大領土と比べると、関ヶ原後の防長二州は確かに追いやられた感。この恨みはらさでおくべきか……。

の二か国を領地として与える妥協案が浮上する。

　これを知らされた広家は毛利本家の家名存続のため、自身に与えられることになった二か国をどうか毛利家に与えてほしいと懇願したと伝わる。

　結果、毛利家の改易は免除となり、輝元は隠居して嫡男の秀就《ひでなり》に家督を相続の上、所領は周防国・長門国二十九万石に大幅減封となることで決着した。後に高直しで三十七万石にまで持ち直すが、それでも開戦前からすれば三分の一程度の所領になったということである。

　正直、毛利輝元が西軍総大将で関ヶ原の合戦の首謀者の一人だったことを考えれば改易になってもおかしくない状況のため、筆者などは「減封程度で済んでよかったね！」と思ってしまうが、当事者にとってはよほど屈辱的な処遇であったのだろう。

毛利家中には「所領安堵の約束をしたのに防長二州に追いやられた！ 冗談じゃない！」という徳川家への反発が根強くあった。

後に毛利輝元の跡を継いで当主となった秀就の正室として、家康の次男・結城秀康の娘の喜佐姫が送り込まれ、松平の名字を称することも許可されたのだが、毛利家にしてみればありがた迷惑な話だったかもしれない。

いずれ徳川家に一矢報いるとの思いを強く持ち続けた結果、長州は幕末に武力倒幕の急先鋒となる。こうした背景から最初に紹介した正月行事の都市伝説も生まれたのだろう。

❖威風堂々の七十二万石・薩摩の島津家

関ヶ原の戦い後、家康は西軍方についた八十八名を改易とし、毛利家や上杉家などは容赦なく大幅減封処分とした。最終的に六百三十二万石ともいわれる領地を没収して、論功行賞として東軍に味方した武将たちに気前よく振り分けていった。

しかし西軍として関ヶ原の戦いに参加したにもかかわらず、例外的に所領を安堵された家がある。薩摩の島津家だ。

島津家の家祖には源頼朝の御落胤説もあり、鎌倉時代以降一貫して南九州を支配してきた。名門中の名門である。

戦国時代には総大将たる徳を備えた長男・義久《よしひさ》、雄武英略が傑出した次男・義弘《よしひろ》、利害を察する能力に秀でたという三男・歳久《としひさ》、軍法戦術の天才の四男・家久《いえひさ》の、いわゆる島津四兄弟が力を合わせることで九州統一目前のところまで勢力を拡大した。

羽柴秀吉による九州征伐によりその軍門に下ったものの、朝鮮の役で次男の義弘が「鬼島津」と恐れられるほどの凄まじい活躍を見せて加増を受け、六十一万石という五大老に次ぐ石高となった。

当時の島津家の当主は四兄弟の長男・義久であったが、羽柴政権と密に連絡をとりあっていたのは次男の義弘で、両殿と呼ばれる二枚看板体制。関ヶ原の戦い直前には薩摩本国に義久が、京都伏見の屋敷に義弘がいた。

西軍につくか東軍につくかを迫られた義弘は態度を決めかねていたが、石田三成からの再三の要請もあり西軍に与することを決意する。

しかし義久は義弘からの出兵要求に応じず、国もとの島津軍本体の兵力は動かさなかった。このため関ヶ原の戦いへの参加は島津家としてではなくあくまで義弘個人の行動という位置づけとなり、義弘はわずか千五百ほどの兵力を率いて本戦に臨むことになった。

そして迎えた九月十五日、義弘は早朝に関ヶ原に布陣。午前十時ごろには戦闘が始まったが、吉川広家、小早川秀秋の内通もあり開戦直後には西軍総崩れとなる。合戦は東軍圧勝で幕が引かれようとしていたが、島津義弘の見せ場はここからだった。

義弘はまだ甲冑も付けていないような状態で戦場に取り残され、退却戦を余儀なくされた。西軍の兵力の多くは背後の伊吹山方面に撤退したが、義弘はなんと前進して家康の本陣をかすめ、伊勢街道へ抜ける敵中突破策をとる。『惟新公御自記《いしんこうおんじき》』（島津義弘による回顧録）によるとこの時の心境は、

周囲を見回しても二百、三百といった兵しかいなかった。この人数では退却戦はとてもうまくいかない。
また年を取っているため（義弘はこの時六十六歳）伊吹山を越えるのも無理だった。こうなったからには、たとえ討たれることになっても敵に向かって死ぬべきだと思い敵中突破を決めた。

半端な肝の座り方ではない。島津軍は前衛の福島正則部隊を突破。さらに後世で徳川四天王と謳われる猛将・井伊直政《いいなおまさ》および本多忠勝《ほんだただかつ》、そして家康の四男・松平忠吉《ただよし》らの追撃を

振り切り、辛くも薩摩に帰還した。この時兵はわずか四十名ほどになっていたという。

この決死の退却戦はいわゆる「島津の退き口」として全国に轟いた。

家康も島津家には一目置いており、慶長七年（一六〇二）には本領安堵を決定。六十一万石据え置きとなった。後に琉球十一万石が加えられ、石高は七十二万石となる。

島津義久には跡継ぎとなる男子がおらず、当主になったのは義弘の子の忠恒《ただつね》（後に家久《いえひさ》に改名。島津四兄弟とは別人）だった。家康は家久の養女と、松平定行（久松松平家）との縁組を成立させて島津家との距離を徐々に詰め、家久自身も江戸に妻子を送って謀反の意思がないことを示し、元和三年（一六一七）には徳川秀忠から家久に松平の名字が許されている。

その後も徳川（松平）家と島津家の縁組は積極的に行われ、島津家から徳川将軍の正室が二人出ている（十一代将軍・家斉の正室の広大院、十三代将軍・家定の継室の天璋院）。これは他の外様大名にはないことだ。

有力外様大名の中でも徳川家と特に強い縁で結ばれていたのが島津家だったのである。

❖影のキーパーソン「徳川」「松平」の姫君

他にも家康の次女の督姫《とくひめ》が、はじめ北条家に嫁ぎ、北条家滅亡後には有力外様大名の池田輝政に再嫁。三女の振姫は、はじめ蒲生家に嫁いだが夫が急死したため有力外様大名の浅野長晟《ながあきら》と再婚。養女たちも有力外様大名家に嫁ぎ、嫁ぎ先に松平の名字が許されてゆく。

このように徳川家康、秀忠は「徳川」「松平」の姫君を嫁がせて有力外様大名と親戚関係を築き、松平ファミリーに組み込んで着実に謀反の芽をつぶしていった。

というと、なんだか女性たちが政略結婚の道具のように粗雑に扱われているようで、憤慨される読者もおられるかもしれない。しかし当時の武士の〝結婚〟は現代とは意味がまるで違う。大名ともなれば恋愛結婚は稀で、家と家同士の結びつきを第一に考えられた。特に正室というのは実家の名代として他家に入る政治的な存在という位置づけであったから、実家からも嫁ぎ先からも非常に丁重に扱われた。

姫君はもちろん一人で嫁入りするわけでなく側近を大勢連れて大名家に入る。つまり徳川家は縁組によってより正確な大名家の内情を知ることができたのだ。

「徳川」「松平」の姫君たちは、女性にしかできない大事なミッションを背負って他家に嫁いでいく、徳川将軍家の統治戦略の一端を担った重要なピースだった。

後世に残るのは戦場で戦い、政治の表舞台に立った男性たちの記録だ。しかしその裏には縁組という形で家と家の間を取り持った女性たちの活躍があったことを忘れてはならない。

第五章

消えた「徳川」「松平」の人々
～華麗なる一族の黒歴史～

❖家康の暗部・岡崎信康

家康および江戸幕府が「徳川」「松平」という名字をいかに意図的に安定統治のために活用したかを考えるうえで、避けて通れないのが家康の長男・信康の存在だ。

徳川幕府編纂による『徳川幕府家譜』には、信康は元亀元年（一五七〇）に元服し、岡崎次郎三郎信康と名乗ったとある。つまり家康の長男の名字は「徳川」や「松平」ではなく「岡崎」であるというのが幕府としての公式見解なのだ。

実際はどうだったのだろう。信康が生前に発給した文書が数点残っているが、その署名には名字の記載がないため定かではない。

家康が永禄九年（一五六六）から「徳川」を名乗り始めていることから、おそらく当時嫡男であった信康も徳川を名乗っていたのではないかという説がある。

しかし状況から考えると「松平」を名乗った可能性も捨てきれない。家康は新進の戦国大名「徳川」家康としてさらなる領土拡大を目指す自身の代わりに、「松平」の地盤である三河支配の中心に信康を据えた。信康が元服すると松平惣領家の拠点である岡崎城主とし、実質的な安城松平家の当主とみなされたから「松平」を名乗ったかもしれない。

いずれにせよ「徳川」でも「松平」でもおかしくないということだ。

それが信康の死後、幕府が公式記録を編纂する過程で「徳川」でも「松平」でもなく「岡崎」という名字で扱ったことは大変意味深である。「徳川」「松平」一族とは認めず、一段格下の存在と定義していたことになるからだ。

何故、そのようなことになったのか。よくいわれるのは信康の死後、幕府草創期の御三家の別格化の過程において「徳川」を名乗れるのは将軍家と御三家のみとされたから、という説だ。なるほど、確かに信康は御三家ではないから「徳川」を冠させるわけにはいかないという理屈は通る。ただこの理屈だと「松平」にしなかった説明にはならない。「岡崎」信康としたのは、神君・家康への幕府の忖度《そんたく》が働いたというのも要因ではなかろうか。信康は、家康の息子たちの中で最も取り扱い注意の存在だった。

信康を抹殺したのは、ほかならぬ家康その人だからである。

信康は、家康が未だ今川家の人質として駿府にいた十八歳の時、永禄二年（一五五九）に生まれた。母は今川義元の姪で家康の正室の築山殿《つきやまどの》。つまり正室が産んだ長男であり、家康にとってはいずれ自分の跡を継ぐ嫡男であった。幼名も家康と同じ竹千代である。

信康誕生の翌年には桶狭間の戦いが起こり、家康は三河平定に着手して永禄五年（一五六二）に織田信長と同盟を結び、今川家から正式に独立して三河平定を成し遂げ、「徳川」を名乗り始める。

そして永禄十年（一五六七）には、竹千代と信長の娘・五徳との縁組が成立した。元亀元年（一五七〇）、十二歳になった竹千代が元服する際には織田信長から偏諱《へんき》を賜り、名を信康と改める。加冠役も信長が務めており、信康と五徳の縁組によって織田家と徳川家の同盟関係はより強固なものとなった。家康は新たな拠点の浜松城へと移り、信康に三河統治の拠点となる岡崎城を任せた。

この頃に家康が信康に付けた重臣宛に送った手紙には「（信康は）名刀であるから納戸にしまって大切にせよ」とあり、息子の成長を気遣う当たり前の親心が見て取れる。

しかし信康は、天正七年（一五七九）九月十五日、実の父親の家康によって自害を命ぜられその生涯を終えたのであった。享年二十一。

経緯に関しては『三河物語』『東照宮御実紀』など後世に書かれた書物に様々な記載があるが、それらを総合するとおおよそ次のような筋立てである。

岡崎城で暮らしていた信康の正室・五徳は、信康の母・築山殿と仲が悪かった。また、信康は粗暴で素行が悪く、他の女性とも通じるようになり五徳と疎遠になった。五徳は自分をないがしろにする築山殿と信康を恨み、父親である織田信長に対して「信康と築山殿が共謀して武田家と内通している」などと二人を弾劾する手紙を送った。

これを受け取った信長は家康の重臣・酒井忠次《さかいただつぐ》（徳川四天王筆頭）を呼び出して真偽のほどを尋問したが、忠次は内容を大筋で認め否定しなかった。

このため信長は家康に「思うように対処するように」と命じた。

家康は織田家との同盟関係が崩れることを恐れ、正室の築山殿の殺害と、嫡男の信康を自害させるよう家臣に命じた。

過分に小説的ではあるが、実際にこの事件の数年前には家臣の大賀弥四郎という人が、武田と内通して岡崎城を乗っ取ろうとする計画が発生している。また、『信長公記』（織田信長の家臣・太田牛一による信長の一代記。江戸時代初期の著作）からは信長のもとに酒井忠次がなんらかの弁明のために訪れたことも確認できる。

つまり、当時の家康は信長に武田家との内通を疑われていてもおかしくない状況にあった。家康が織田家との関係性がこじれることを憂慮《ゆうりょ》して、疑惑を持たれた正室の築山殿と嫡男の信康の命を差し出したというのは、的外れなストーリーではないのだろう。

当時の信長の力はあまりにも強大。同盟を反故にされ、敵対することにでもなれば徳川家の存続自体があやうく、なんとか徳川家が武田家と内通しているという誤解はとかねばならない状況であった。しかしそのために正室と嫡男を犠牲にしたというのは、戦国の世の習いとはいえなんとも非情な選択である。

信康は、一三三ページで取り上げたように弟思いで慈悲深い性格なうえに、合戦では勇猛果敢に活躍した。そんな長男の信康に家康自身もかなり期待をかけていたらしい。『東照宮御実紀』によると、慶長五年（一六〇〇）関ヶ原の戦いの当日、出陣の際に家康は、

さてさて、年を取ったというのに骨が折れることだ。倅《せがれ》がいたらばこれほどではなかったろうに……


とつぶやいたという。倅、というのは信康のことだろう。奇しくも関ヶ原の戦いが起こった九月十五日は信康の命日だ。生きていれば四十二歳になっていたはずである。家康はこの時五十九歳。天下分け目の決戦を前に、この場に長男の信康がいてくれたらどんなに頼りになったかと思いを巡らさずにはいられなかったにちがいない。

ただ、信康の方に全く落ち度がなかったかといえばそうとも言い切れない。信康は自己主張が強く、家臣の諫言を聞かないという一面があった。

トップダウン型の組織であれば歓迎された資質かもしれないが、松平家といえば、主君が家臣を大事にすることを美徳とするのが清康以来の伝統だ。特に家康は家臣からの諫言

信康の首塚（若宮八幡宮にて著者撮影）

信康自害の後、岡崎城に怪異が起こったため首塚が築かれ、若宮八幡宮として祀られました。

を非常に重視しており、優秀な人材を適材適所に配置してボトムアップ型の組織を作ろうとしていた節がある。その集大成が江戸幕府だといっても過言ではない。

　自己主張が強く諫言を聞かないという信康の個性は、家康はもちろんだが、特に家臣たちにとって煙たいものであっただろう。信長に呼び出された酒井忠次が信康の弁護をしなかったのも、その雰囲気を表わしているように思える。

　だからといって家康が嫡男を自害に追い込んだという結末を肯定するのは難しい。

　なにしろ、家康は後に正室が産んだ長男＝嫡男を世子と定めて将軍家の家督相続における最優先候補者とするというルールを厳格化するわけだが、この条件にぴったり当てはまる信康を家康自身が命じて自害させてしまっているのだ。いかにも説得力に欠ける。

信康に関する幕府の諸記録は「信康自身の素行に問題があったので家康は自害を命じざるを得なかった」というトーンで一貫しているのだが、これは嫡男を自害させた家康の判断を正当化する必要があったから。神君・家康への忖度が働いた結果に思えてならない。こうした大人の事情から、信康は「徳川」でも「松平」でもなく一段格下げをして「岡崎」信康として周知されたのではないだろうか。嗚呼、不憫……。

本章ではこのように、本来であれば「徳川」「松平」の華麗なる一族の一員として人生を送るはずだったにもかかわらず、歴史の闇の中へと消えていった人々を取り上げる。

❖無嗣断絶！　松平忠吉と武田信吉

家督を相続する後継者不在の場合に、お家断絶&領地没収、つまり改易処分となることを無嗣断絶《むしだんぜつ》という。

このルールは家康の息子たちにも適用された。家康の四男・忠吉の場合を見てみよう。

信康亡き後、家康に嫡男扱いをされたのは三男の秀忠だった。理由は母親の西郷局が三河の有力者の養女で、実質的な正室扱いを受けた人だったからと考えられている。

忠吉の母もその西郷局だ。つまり秀忠の同母弟で年齢も一歳しか離れていなかった。このため、幼い頃から秀忠とともに大事に育てられた。

二歳にして東条松平家の当主となり一万石を与えられ、三歳の時に武田家が滅亡すると、駿河・沼津城四万石を与えられた。五歳になると兄・秀忠とともに豊臣秀吉の人質となるが、小田原征伐の後には徳川家に戻され、十三歳で元服。徳川四天王・井伊直政の娘を正室に迎え、忍城十万石の主となった。キャリアは順風満帆そのものである。

おまけに美男子で陽気、気遣いもできる性格だったから誰からも好かれ、家康も非常に可愛がった。忠吉が十歳前後の時に家康が送った手紙が残っている。その内容は、

度々文を送ってくれて嬉しいことこの上ない
歳暮の品として小袖をおくってくれて目出度い限りである
　　追伸　返す返すも学問には油断なく励みなさい

正月十八日　　　　大納言（家康のこと）より

というもの。まだ幼いというのに離れて暮らす父に沢山の手紙を書いていただけでなく歳暮まで届けたというのだ。家康も可愛くて仕方がなかっただろう。忠吉には特に期待をかけ、関ヶ原の戦いでは東海道から攻め上る軍の総大将を任せた。

忠吉も父の期待に応えるべく、徳川四天王の井伊直政の後見のもと、東軍の誰よりも早く西軍へ攻撃を仕掛けて戦いの火ぶたを切り、島津義弘の追撃戦では傷を負いながらも勇敢に戦った。

家康はこれを讃え、論功行賞では忠吉に尾張国と美濃国という全国支配の重要拠点に新たに領地を与えて清洲城主に据えた。石高は五十七万石ともいわれる。

戦後に開かれた重臣会議では、家康の後継者を次男の秀康にすべきか三男の秀忠にすべきか四男の忠吉にすべきかで紛糾したが、戦場での活躍を一番近くで見ていた井伊直政は武勇に優れた忠吉こそふさわしいと猛プッシュした。

しかし大久保忠隣《ただちか》が「天下が乱れている時なら武勇に優れた人物を将軍にするのも一理あるが、天下が収まったからには文徳（武力に頼らず学問などを通じて統治する徳）を備えた人物がふさわしい」と物静かで真面目な秀忠を推し、二代将軍は秀忠に決まった。

これを聞いた忠吉は、「忠隣の言うことはもっともだ。順序からしても才覚にしても兄の方がふさわしい。指摘した忠隣は頼もしい家臣だ」と言って、江戸に出府した際は必ず大久保家に泊まるようになったという。度量も広かったのだ。

秀忠も、自分を立てて広い心で支えてくれる同母弟の忠吉を好ましく思っていた。

しかし忠吉は江戸に幕府が開かれた翌年の慶長九年（一六〇四）ごろから病がちになる。慶長十二年（一六〇七）の三月には病状が落ち着いたということで、江戸城に上がり二代将軍となった兄・秀忠と対面。秀忠は大変喜んだという記録が残る。

しかしこれが兄弟今生の別れとなった。江戸城から下がると容態が急変。知らせを受けた秀忠は狼狽して矢継ぎ早に使者を送って病態を問うたが、数日後、忠吉は滞在先の大久保家で帰らぬ人となった。享年二十八。秀忠は湯も喉を通らないほどに落ち込んだという。

忠吉に後継者はなく、無嗣断絶となった。

家康の五男・信吉も無嗣断絶になっている。この人の母は戦国大名の武田家の家臣・秋山虎康の娘で、穴山梅雪《あなやまばいせつ》の養女の下山殿。家康は敵とはいえ武田家には畏敬《いけい》の念を抱いており、信吉に武田家の名跡を継がせた。

このため家康の五男にもかかわらず、松平ではなく武田信吉と呼ばれている。八歳で下総国小金三万石、十歳で下総国佐倉四万石に移封。関ヶ原の戦いでは関東の守りを任され（という名目だが実質不参加）戦後には水戸に移封となり、合計二十五万石を与えられた。他の兄弟に比べると控えめな昇進にとどまったのは、生来病弱で武功を上げる機会がなかったためだろうか。

二十一歳で病死した時に後継者はなく、無嗣断絶。武田家も再び断絶した。

❖孤独な問題児・松平忠輝

この本の第二章で、家康が自身の息子たちによる徳川一門の創設を構想し、これが後に御三家となった経緯について、

〝はじめは四男・忠吉に尾張（愛知県西部）五十七万石、五男・信吉に水戸（茨城県中央）二十五万石、六男・忠輝に越後（佐渡を除く新潟県）六十万石を与えてその役割を期待した（各石高には諸説あり）。七男・松千代、八男・仙千代は早世したために対象から除外。

しかし忠吉と信吉が二十代の若さで亡くなったため、尾張に九男・義直を、駿河＆遠江＆東三河（静岡県中西部および愛知県東部）に十男・頼宣を、水戸に十一男・頼房を入れることとし、特別に「徳川」を名乗ることを許した。〟

家康の子供たち

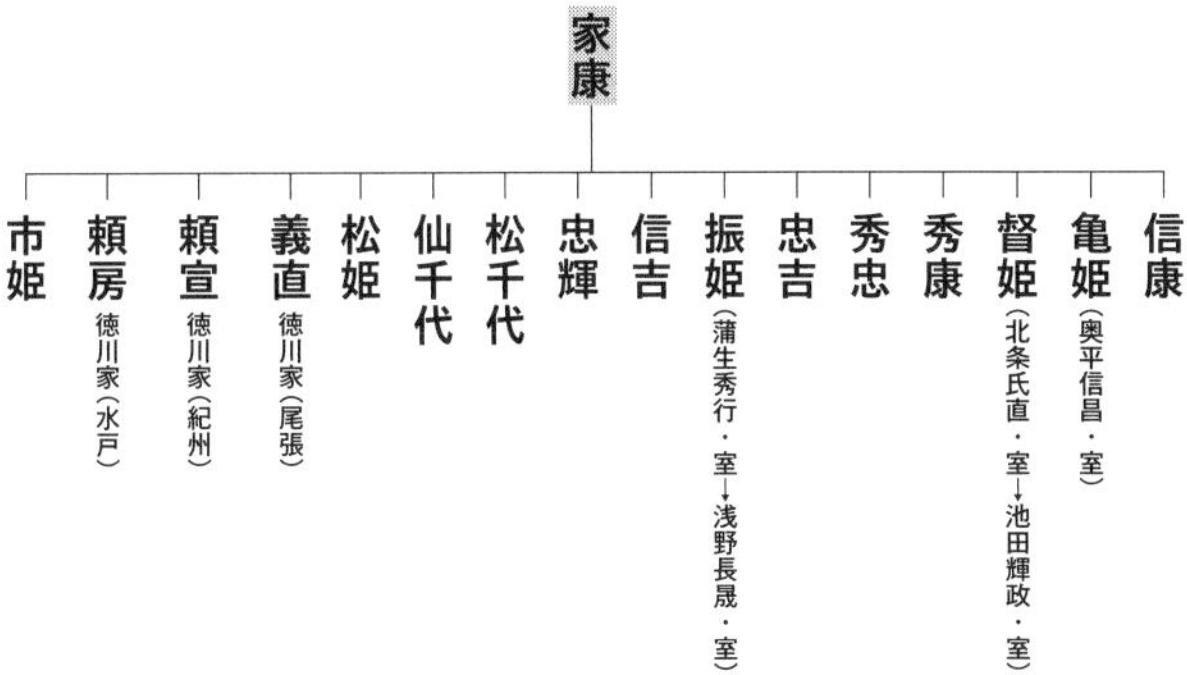

長男・信康は家康が18歳、末娘・市姫は66歳の時の子供。それぞれ波乱万丈な人生でした。

と書いた。お気づきになられただろうか。六男・忠輝の存在が途中から消えていることに。忠輝は忠吉、信吉のように若くして亡くなったわけでなく、後に御三家となる九男・義直、十男・頼宣、十一男・頼房よりも年長であり、御三家に加わっていてもおかしくない立ち位置にいた。しかし、事情があって表舞台から抹殺された人なのだ。

何が起こったのか。

忠輝は文禄元年（一五九二）生まれ。母は側室の茶阿の局であるが、生まれた瞬間から家康に疎んじられたため家臣のもとで育ち、八歳で長澤松平家の当主になった。

なぜそのようなことになったのかについては『藩翰譜《はんかんふ》』（江戸時代前期に編纂された諸大名家の系譜。儒者・新井白石の書）によると、世に伝わっているところでは、忠輝が生まれた時に家康公がご覧になると、色が極めて黒くまなじりが逆さまに裂けて恐ろしい形相をしていたので

「捨てよ」

とおっしゃった。このため家臣の皆川広照《みながわひろてる》が育てることになった。七歳になる頃には賢く成長なさり家康公もお会いになることになった。するとじっとご覧になってから

「なんと恐ろしい顔立ちだ。信康が幼い頃に瓜二つである」

とおっしゃった。このころ長澤松平家の当主が亡くなったこともあり、皆川がそちらと掛け合って跡を継がれることになった。

という。生まれた時の面相が悪かったので捨てるよう命じたというのは随分理不尽だが、信康と似ているから恐ろしがったというのはなんとなくわかる気がする。家康にとって信康を自害させたことは相当なトラウマになっていたはずだから、その信康の生まれ変わりのように思えて忠輝を疎んじたというのはありえそうな話である。

不遇の幼少期を過ごしたせいか、忠輝の性格は歪んだ。

ただ、家康の実の息子ではあるから全く無視されたわけではなく、長澤松平家の当主と

なってからは、武蔵国深谷一万石が与えられた。

そして仙台藩主・伊達政宗の娘の五郎八姫との縁組が決定。関ヶ原の戦いの時はまだ九歳で参加しなかったが、その後、五郎八姫との婚儀も無事に済ませ、下総国佐倉四万石、その次に信濃国川中島十四万石と少しづつ加増された。

そのころ結城秀康、松平忠吉、武田信吉といった兄たちが次々に亡くなったせいもあってか、かつては忠輝を顧みなかった家康の関心も徐々に向くようになる。

こうなると、忠輝は増長した。我儘《わがまま》な言動が増えて素行が荒れたため皆川広照ら古くからの家臣が諫言したが、全く聞く耳を持たなかった。

事態を重く見た皆川らは家康に忠輝の不行跡を訴えたが、この動きを察知した忠輝も家康のもとに駆け付けて「皆川たちがお家を乗っ取ろうとしている！」と訴えた。忠輝の讒言は全くの事実無根で

松平忠輝肖像（貞松院所蔵）

肖像画を見る限り、父親からそれほどまでに嫌われる要素がある顔には見えませんが……。

あったが、家康もやはり息子が可愛かったのか、忠輝を信じて皆川をはじめ家臣たちに切腹や改易を命じている。

家康はさらに、加賀前田家を牽制するための措置として、忠輝を越後福島城、後に高田城に配置。越後国六十万石に大封した。このころには忠輝を諫めるものは周囲に誰もいなくなり、酒色にふけり家康や秀忠のもとに挨拶に来ることさえなくなっていった。

越後高田城主となった慶長十九年（一六一四）大坂冬の陣が勃発したが、江戸で留守を任され出陣の機会はなかった。戦力として期待されていなかったのかもしれない。

翌年元和元年（一六一五）大坂夏の陣では大和路の大将を命じられたが、前年の大坂冬の陣で声が掛からなかったことに腹を立てたのか、大遅刻して合戦までに大坂に到着しなかった。それのみならず、途中で行き合った秀忠の家臣を刺し殺す事件まで起こしている。

流石の家康もこれには激怒。忠輝とは今後一切面会しないと通達した。忠輝は動揺し、駿府へ謝罪に出かけるが家康は会おうとしなかった。

翌年の元和二年（一六一六）、家康危篤の知らせが届くと、忠輝は駆け付けて面会を乞うたが、やはり家康は会おうとしなかった。

すると忠輝、今度は、義理の父の伊達政宗が謀反の準備をしているから征伐すべきであるとしきりに家康に訴えるようになった。その内容は『木村宇右衛門覚書』（晩年に伊達政宗が小姓の木村宇右衛門に語った言行録）によると次のようなものであった。

大坂の陣の時に忠輝は家康の御用に立ちたいと思っていたが、政宗が大坂方と内通して妨害してきたのでできなかった。

大坂方が弱くなったので政宗は幕府に従うふりをするようになったが、家康公が倒れたのを機に天下を簒奪《さんだつ》しようと狙っている。

これは完全なるデタラメであったが家康はにわかにこれを信じ、政宗に謀反の恐れありと秀忠に仙台征伐の指示を出した。家康のそばで看病していた英勝院や秀忠が政宗に情報を伝え、政宗も即座に釈明に駆け付けたために誤解が解けたのは一六五ページの通りである。

家康は政宗に、今後は忠輝を婿と思うな。我も子とは思わぬ。秀忠にも兄弟と思わぬように言い、必ず押込《おしこめ》にすると絶縁を宣言。ついに忠輝の対面は許さずに亡くなった。

家康の死の数か月後、忠輝は兄の秀忠によって改易処分となる。

忠輝はいったいなぜ、数々の問題行動を犯したのだろう。その動機は案外「父親に自分

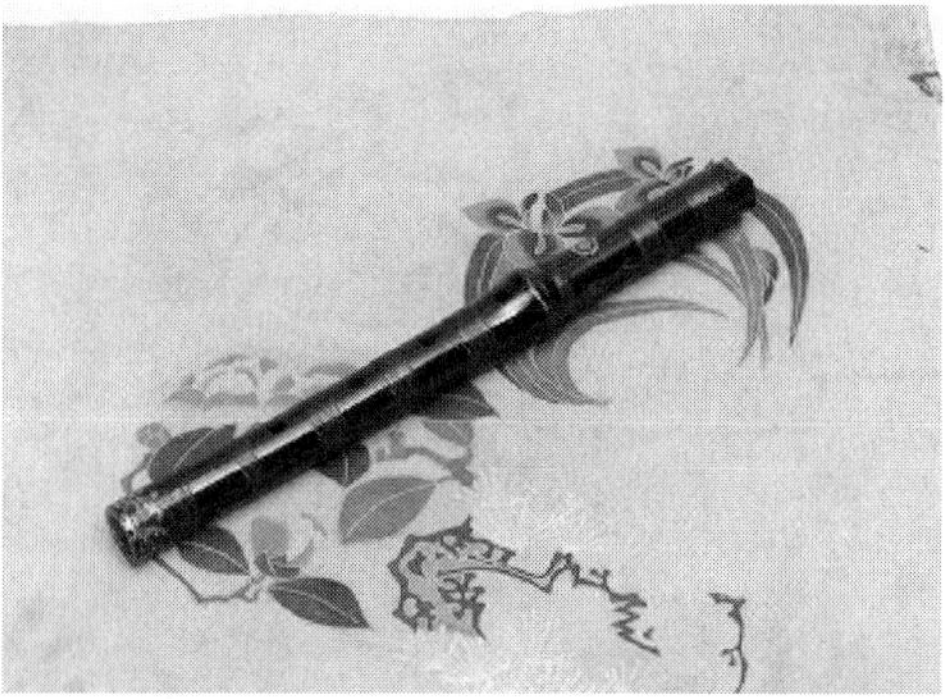

乃可勢（貞松院所蔵）

忠輝の墓所がある貞松院に伝わる乃可勢。織田信長、羽柴秀吉、徳川家康の手を渡ったという銘笛です。

のことを見てほしい」というシンプルな願望だったのかもしれない。

忠輝は幼少期の経験から、ちょっとやそっとのことでは父親である家康が自分に関心を示さないことを知っていた。忠輝の行動に家康が反応するのは、いつも何か突飛な行動をした時なのだ。

忠輝が讒言をして家康がそれを信じた時にだけ、自分が父から認められているという確かな実感が持てたのではないかと、筆者は想像している。

家康が亡くなってからは忠輝の問題行動はぴたりとやみ、配流の地・信濃国諏訪で九十二歳まで粛々と生きて天寿を全うした。

同地には忠輝の遺品として乃可勢《のかぜ》という笛が残されている。家康が忠輝に形見として渡すよう、側室の茶阿局に密かに託したものだった。

❖素行不良で自滅！　越前松平家・忠直

家康の次男・結城秀康を始祖とする越前松平家は六十八万石を誇る御家門筆頭の家柄。〝制外の家〟として格別の存在感を誇っていた。

秀康の没後に家督を継いだ嫡男・忠直《ただなお》は正室に二代将軍・徳川秀忠の娘を迎え、松平を名乗ることも許される。秀忠は当初、甥の忠直を非常に可愛がった。しかしこの忠直は後に秀忠の命で強制隠居となり、越前から追放されてしまうのだ。

慶長十七年（一六一二）、秀康亡き後の越前松平家内部では家臣の間の派閥争いが激化し、武力衝突が起こった。この時十八歳だった忠直にはとても事態をまとめきれず、幕府が介入して解決せねばならぬほどの大事に発展。後に越前騒動と呼ばれる事件となった。

忠直はなんとか面目を一新したいと考え、慶長十九年（一六一四）の大坂冬の陣では前田利常らと先陣を争って真田丸に攻め込んだ。

しかし真田信繁《のぶしげ》（幸村とも）の計略にハマり多大な犠牲を出してしまう。

翌年の大坂夏の陣では慎重になったのか、味方が苦戦しても救援を出さなかった。これを知った家康は忠直の家臣を呼び出して「昼寝していて知らなかったとでもいうのか！まぁ大将（忠直のこと）がヒヨッコだから、おのれらが日本一の臆病者でもしかたのないことよ」と叱責。この報告を聞いた忠直は翌日の戦闘では獅子奮迅の活躍を見せる。

早朝の諸将が動き出す前に兵を進めて真田軍を撃破し、一番に大坂城に乗り込み勝利に大きく貢献した。家康は感激して、忠直の手をとり「軍功第一である、さすがは我が孫!」と褒めたたえたという。さらに戦後、二条城にも忠直を召して諸将の前で、「汝の父・秀康は忠義の者であったが、そなたも素晴らしい働きをした。徳川の世が続く限り、越前松平家が絶える事なきことを約束しよう。また、引き出物として初花の茶入れと貞宗《さだむね》の名刀を与える」と言ったそうだ。

家康の手のひら返しの鮮やかさには目が覚める思いであるが、大坂夏の陣で徳川側が挙げた敵将の首は約一万五千とされ、このうち忠直軍は三千七百五十三の首を挙げたという。また宿敵・真田信繁の首を挙げたのも忠直の軍勢であったから、軍功第一は大げさな評価ではないのだ。

ちなみに初花の茶入れは、もとは織田信長の愛蔵の品で、秀吉の手にわたり、家康のもとに巡ってきたという物。家康が忠直の働きを最大限に評価した証である。

しかし、この大坂夏の陣の後から、忠直は幕府に反抗的な態度をとるようになった。

忠直は論功行賞による領地の加増を期待していたがそれが一切なかったことが不満だったらしい。領地の大盤振る舞いができた関ヶ原の戦いの時とは違い、大坂夏の陣の後は大規模な領地召し上げがなかったので仕方がないのだが、忠直は納得していなかった。

そもそも、忠直の父・結城秀康は、大御所・徳川家康の次男で、二代将軍・徳川秀忠の兄なのだ。「越前松平家はもっと評価されていい」そんな気持ちが常にあったのだろう。

家康が亡くなった後、元和四年（一六一八）ごろからは江戸への参勤もしなくなり、領地の越前国北ノ庄城へ引きこもった。

その傲慢ぶりは諸大名の間でも評判になるほどで、酒色におぼれ、近習に体罰を加えるのは日常茶飯事。正室・勝姫付の者を斬り殺したことまであった。

勝姫の父親は秀忠であるから、その悪行はつぶさに幕府の知るところとなった。

元和七年（一六二一）、忠直は江戸参勤のため国元を出発するが、病気を名目に関ヶ原で長逗留《ながとうりゆう》し、江戸には向かわず国元に戻るという奇行に出る。

翌年、秀忠は日光東照宮への社参を行った。同時期に忠直も参勤のため国元を出発したが、また関ヶ原で長逗留をしはじめた。戦国の名残が色濃い当時、大名が手勢を引き連れて領国外へ移動する場合、当初の目的以外の行動をとれば即ち軍事行動とみなされる。

秀忠も相当警戒感を強めたようで、警備に数万人規模を動員。日光から江戸まで百五十キロの道のりを一日半という猛スピードで帰っている。忠直は結局、何もせず北ノ庄城に引き返したが、これは幕府への謀反を疑われても仕方がない問題行動であった。

松平忠直肖像（大分市歴史資料館所蔵）
強制隠居後は出家して豊後国府内（大分県）に預けられて生涯を終えました。享年56。

諸大名の間でも「これは大坂夏の陣以来の大きな戦になるのでは？」と緊張が走り、世間は騒然とした。

すわ、越前征伐の始まりか。

秀忠は流石に放置できぬと考え、忠直に対し強制隠居処分を申し付けた。

忠直の跡継ぎとなったのは当時八歳の忠直の嫡男・**光長**《みつなが》。光長の母は勝姫だから、秀忠の実の孫である。秀忠は孫の光長を溺愛し、江戸城に遊びの間を作って万が一にもケガをしないように柱という柱にビロードを巻かせたほどだった。

さらに越前国は加賀国の前田家の抑えとなる要衝であるから幼少の仙千代（光長）に任せるには荷が重いということで越後国高田へと国替えまでさせたという過保護ぶりである。

しかしその後、光長は御家騒動を起こして五代将軍・綱吉の命で改易となる。御家再興運動の結果、光長の養子に津山十万石が与えられて越前松平家系・津山松平家が興った。

ちなみに越前国は規模を縮小の上、越後高田を治めていた松平**忠昌**《ただまさ》（忠直の同母弟。光長の叔父）が入れ替わりで入国し、北ノ庄城の「北」が敗北に通じることから福井城と改めて越前松平家系・福井松平家が興る。

このような事情から、越前松平家の宗家が津山松平家なのか、福井松平家なのかについては江戸時代中から議論されてきたがいまだに結論は出ていない。

ややこしや、ややこしや。

❖兄との確執が生んだ狂気……駿河大納言・忠長

三代将軍・家光と、その弟の忠長の超絶不仲は様々な史料で伝えられている。
その原因は二代将軍・秀忠の正室で、二人の母であるお江が兄の家光を嫌い、弟の忠長を偏愛したことが大きな原因であった。このことは第一章で示した家康からお江への訓戒状からもうかがえるし、『東照大権現祝詞《のりと》』（家光の乳母・春日局から東照大権現／家康に捧げられた祝詞。江戸時代前期の著作）にも、
崇源院様（お江のこと）は家光君を憎み悪く思っていらっしゃったので、台徳院様（秀忠のこと）も同じように思っていらっしゃった。
二親に憎まれていたため家督相続もあやうかったが、権現様（家康のこと）がそれを

お聞きになって家光君に将軍職を継がせるとおっしゃってくださったので、崇源院様も台徳院様もこれを御認めになった。（中略）
駿河大納言様（忠長のこと）は神仏も恐れず、家光君に逆らい自らの家督相続を望んだ。これが天道に叶うだろうか。権現様から天罰が下って自滅なさったのだろう。

とあるからおおむね事実と考えていいだろう。

家光は生まれた時から病弱で顔色が悪く、いつも魯鈍《ろどん》な表情で極度の人見知り。お江とは目も合わさず口も利かず全く懐かなかったという。また家光が生まれた時にはすでに江戸幕府が開かれており、将来の将軍の座につくことが想定されていたので、生まれて直ぐに生母のお江からは引き離されて教育係となる乳母・春日局の手で英才教育がほどこされた。このため母子の距離感は全く縮まらなかった。

かたや忠長は色白の美男子で非常に賢く、健康で活発。お江にもよく懐いた。家光と違ってお江自身が乳を飲ませて養育したというから愛着もわいたのだろう。お江は本気で忠長を三代将軍にしたいと考えて、蝶よ花よと育てたようだ。確かに忠長の方があらゆる点で家光より優秀であったし、何よりお江の入れ込みようが尋常ではなかったから「お世継ぎは忠長になるのでは？」と思う家臣も多かったようで、家中は二つに割れた。

ただ兄弟の父である二代将軍・秀忠は、忠長がまだ小さかった頃に、江戸城で鴨を打ち取ったと聞くと「(やがて将軍になる)家光が住んでいる場所で鉄砲を使うとは何事か!」と非常に怒ったというから自身の後継者は家光であると心に決めていたらしい。しかし、忠長を溺愛するお江を強いて止めようともしなかった。

事を重く見た春日局が家康に掛け合ってお江を諭すことで三代将軍の座は家光に決まったが、忠長は「自分が三代将軍になっていたかもしれない」という思いを引きずったまま成長した。家光との兄弟関係は、当然ギクシャクする。

秀忠もやはり自分の息子が可愛かったと見え、忠長を将軍にこそしなかったがかなり優遇した。はじめに甲府国二十万石を、その後、駿河国と遠江国の一部を加増され五十万石(五十五万石とも)という大封を与えている。

さらに、徳川義直(家康の九男)・徳川頼宣(家康の十男)とともに従二位権大納言に昇進させた。これは秀忠と家光に次ぐ官位である。ちなみに、徳川頼房(家康の十一男)は従三位権中納言であるから、忠長の方が頼房より格上と位置付けたということだ。

このため当時〝(御)三家〟といえば徳川義直、徳川頼宣、そして忠長を指した。忠長は「駿河大納言」と呼ばれ、諸大名とは別格の存在になったのである。

しかし忠長に光が当たれば当たるほど、家光との間の溝は深まった。

春日局の墓（麟祥院にて著者撮影）

「死後も徳川の世を見守るため黄泉から見通せる穴を」との遺言により墓石と台石に穴が開いています。

寛永三年（一六二六）大御所となった父・秀忠と三代将軍となった兄・家光が上洛する際、忠長は領内の大井川に浮橋をかけて迎えた。「箱根八里は馬でも越すが、越すに越されぬ大井川」と謳われたように、水量が多く且つ防衛上の要衝であるために大井川への架橋は認められていなかったが、二人がスムーズに渡れるように良かれと思って一時的な橋を作ったのだ。この浮橋は地面と変わらないようなしっかりしたものだったので「さすが駿河大納言」と皆感心したが、家光だけは「大井川は要衝であると家康公もおっしゃっていたのに、そこに浮橋をかけるとは何事か！」と憤慨《ふんがい》したという。以降、江戸時代中に大井川に橋が架かることは二度となかった。

この一件の後にお江が亡くなるが、葬儀を取り仕切ったのは忠長で、家光は参列すらしなかった。一家の親子・兄弟関係はもはや修復不可能なほどにこじれていたのだ。

そしてこのころから忠長の乱行が史料上に散見されるようになる。

『藩翰譜』には寛永七年（一六三〇）十一月五日、忠長は領地内の殺生禁止の山で禁忌である猿狩りを行い、千二百四十頭以上の猿を殺した。しかも帰りには籠の担ぎ手の尻を脇差で突然刺し、逃げ出したのを家臣に追いかけさせて誅殺したとある。

この話はかなり具体的で忠長の猟奇的乱行として有名なものであるが、彼の死後に書かれたものなので創作、もしくは誇張された話である可能性も指摘されている。

ただこの時期に忠長による手討ちが頻発していたことは事実なのだ。諸大名の手紙からその様子を垣間見ることができる。例えば肥後国熊本の細川忠利は国元への手紙の中で、

駿河大納言様は度々お手討ちをするようになった。今月十日に一人、その後もおとぎ坊主を斬り殺したので、御家老衆が諫言をし、もう二度としないとお誓いになられた。

しかし翌日になると何事もなかったように、斬り殺した者を呼び出そうとなされた。

これは気が触れたのではなく酒のせいだと聞いているが、このままでは松平忠直殿の

ようになるともっぱらの噂である。

と伝えている。自分で殺した人を翌日呼び出そうとした、という部分に狂気を感じずにはいられないが、大名の間で「松平忠直のようになるのでは」つまり、越前松平家の当主にもかかわらず強制隠居させられたあの忠直のようになるのではという噂になっていたというのは大変意義深い。このころには、徳川将軍家は身内であろうと容赦なく処断するという認識が広まっていたということである。

忠長の手討ちが度重なっているのを知った家光は忠長に厳重注意をし、忠長もその場ではもうしないと約束したが、手討ちが止むことはなかった。さらに江戸城下で辻斬りを繰り返していたことが発覚。このことは秀忠の耳にも入り、とうとう勘当が言い渡される。

しかしその後も忠長の乱行は収まらなかった。

ある時は女中を斬り殺し、ある時は家臣を「成敗してやる」といって追いかけまわし、逃げられると身の回りの世話をしていた少女を斬り殺して犬に食わせ、女性を酒責めにして殺したこともあったというから常軌を逸している。

忠長の行動にはムラがあり、江戸城に登城する時などは極めて尋常だったという。もしかしたら何がしかの精神的な疾患を抱え突発的に殺人に及んでいたのかもしれない。

あるいは幼少期から続く家庭内不和の影響でソシオパス発症の可能性も疑えるのではないだろうかと思うが、筆者には精神科的専門性はないからこれ以上の深追いは避ける。

いずれにせよ、現役将軍の実弟である忠長の乱行が続けば幕府の威信に傷がつくことは火を見るよりもあきらかで、放っておくわけにはいかなかった。

家光は忠長に甲府での謹慎を申し付けた。

寛永九年（一六三二）秀忠臨終の際には、忠長は面会を懇願したが秀忠自身が拒絶。遺産分与もなく、江戸入りすら許さなかった。

秀忠が亡くなると忠長への処分はさらに厳しくなり、改易の上、上野国高崎で逼塞《ひっそく》となる。『藩翰譜』によると高崎には家光の家臣が派遣されて、忠長が自ら命を絶つよう仕向けていたという。

寛永十年（一六三三）十二月六日の朝、忠長が目を覚ますと自室の周囲の警備がいつにもまして厳重になっていた。不審に思って尋ねても理由を語るものはない。全てを悟った忠長は自室にこもり、夕方になると侍女に言いつけて二杯酒を飲んだ。

その後、酒と肴を持ってくるよう侍女に命じた。侍女が戻ってくると、忠長は紋付を羽織り、脇差で首を突いてうつ伏せになって亡くなっていた。享年二十八。

❖激レア“両典厩《りょうてんきゅう》”家とは

三代将軍・家光はお江との確執の影響もあるのだろうか、大の女性嫌いであった。二十二歳で公家から正室の鷹司孝子《たかつかさたかこ》を迎えたが、すぐに別居。恋人はもっぱら男性であり、三十代に入ってもお世継ぎが生まれる気配は全くなかった。

このままでは徳川将軍家は三代で途絶える。事を重く見た春日局は、江戸城の女性たちを取り仕切る英勝院とともに大奥を整備。活発でボーイッシュな市井の娘や髪を落とした尼僧など、家光でも抵抗感なく接することができそうな中性的な女性たちをスカウトで集め側室として育て上げた。

こうして家光三十八歳の時に側室との間に待望の長男が誕生した。これが後の四代将軍・徳川家綱である。ただ家綱は生後すぐに脳膜炎にかかり知的障害が残ったようだ。二十人の医師がつけられて大切に育てられたが、家光ゆずりの病弱で健康上にも大きな不安を抱えていた。

家光が四十八歳で亡くなると、家綱は十一歳で将軍になった。やはり公家から迎えた正室は子供を産まないまま亡くなったが、側室の何人かが身ごもった記録は残っている。しかし、どういうわけか軒並み流産したようだ。これは「次に側室が産んだ男子が次期将軍になる」という状況から、大奥内で熾烈な派閥争いが繰り広げられた結果、側室が懐妊すると敵対派閥から妨害工作が行われたせいではないかと考えられている。怖……。

結局、家綱には後継者ができず四十歳の時に病に倒れた。病状はみるみる悪化し、快復の見込みはたたない。後継者指名をしないまま亡くなれば徳川将軍家は無嗣断絶となる。

家綱は自身の死後の混乱を避けるため、後継者候補の選定に入った。家綱には母親の違う弟たちが四人おり、このうち成長したのが**綱重**《つなしげ》と綱吉である。

家綱が将軍になった年に、綱重には甲府十五万石（後に二十五万石）が綱吉には館林十五万石（後に二十五万石）が与えられて分家した。その後、承応二年（一六五三）に綱重が左馬頭、綱吉が右馬頭に叙任され、両官位の唐名が典厩であることからそれぞれ御典厩、両家合わせて〝両典厩（御両典とも）〟と呼ばれて四代将軍の兄弟として格別の存在となっていた。

家綱は幼少期から健康上に不安を抱えていたので、万が一の時は将軍になる、ということを本人も周囲も常に意識していたのがこの〝両典厩〟である。

また綱重の母のお夏と綱吉の母のお玉（のちの桂昌院）はともに京都の庶民出身で、春日局のスカウトで大奥入りして家光の側室になった女性で、家光存命中から大奥で熾烈な派閥争いを繰り広げていた。

両典厩系図

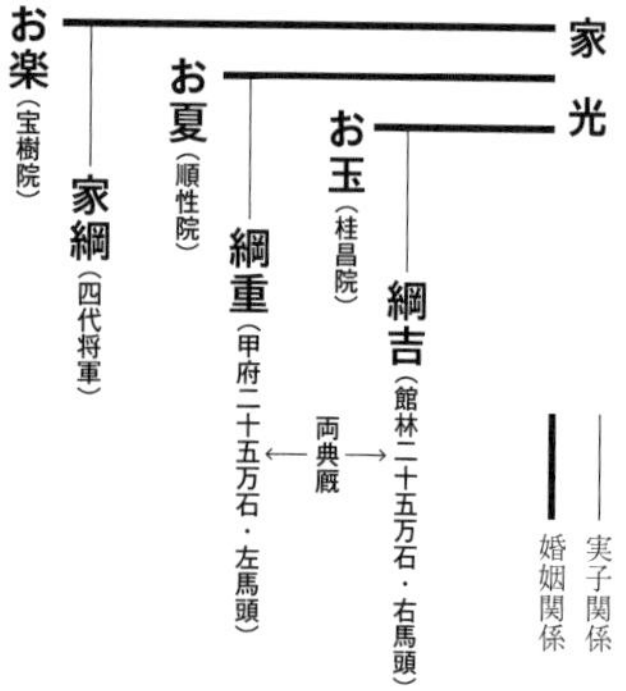

ライバル関係にあった綱重と綱吉。お互い一歩も譲りませんでしたが、結局、両家から将軍が誕生します。

このような背景から、綱重と綱吉はライバルとしてお互いをバチバチに意識して育った。というかぶっちゃけものすごく仲が悪かった。

そして、ついにやってきた将軍の後継者選定の時。順番からいけば当然、年上である綱重が選ばれるべきであったが、残念ながら綱重はこの二年前に亡くなっていた。

では、綱重の子である綱豊《つなとよ》が五代目に……というわけにはいかなかった。

老中の堀田《ほった》正俊《まさとし》は三代将軍・家光との血の近さこそ優先されるべきとして「家光の実の子である綱吉こそ五代目にふさわしい！」と主張。

ただ、綱吉は我儘でエキセントリックな性格であったので大老の酒井《さかい》忠清《ただきよ》などは「綱吉には天下を治める器量がない。ここは有栖《ありす》川宮幸仁《がわのみやゆきひと》親王（後西天皇の第二皇子）を迎えるべき」と斜め上の人選を提案したため、現場は混乱した。

最終的には家綱が最期の力をふりしぼり「堀田正俊のいう通りにせよ」つまり、綱吉を五代目にとの見解を示して、間もなく亡くなった。

この遺志が尊重されて、五代将軍は綱吉に決まったのである。しかし、この綱吉も後継者には恵まれなかった。長男は五歳で亡くなりその後男子が生まれなかった。このままだと、甲府から綱豊が宗家入りして六代目の将軍になる。それだけは絶対に避けたい。

このため綱吉は自身に後継者となる男子が生まれることに異常に執着し、母・桂昌院の影響もあって真言密教にハマった。僧侶に「人に子無きは前世の殺生の報い。子を得んとすれば殺生を慎み生類を憐れむべし」と言われたことが、いわゆる生類憐みの令の発端。

それでも後継者が生まれなかったため、さらなるアドバイスを求めたところ「将軍は戌年であるから犬を大事にするように」と言われ、生類の中でも、特に犬が特別視されるようになったのだと伝わっている。

しかし綱吉に後継者が生まれることはついになく、晩年に甲府から綱豊を自身の養子に迎えて亡くなった。

こうして綱豊、改め家宣が六代将軍となったのだ。ちなみにこのタイミングで朝廷から家宣の父・綱重に〝征夷大将軍〟の称号が追贈された。このため綱重は歴代将軍の代数には数えられないものの〝贈征夷大将軍〟とされている。

その後、六代将軍・家宣も在位三年で死亡。嫡男の七代将軍・家継も八歳で死亡。

これにより秀忠以来の徳川宗家の血統が絶え、将軍職は御三家紀州徳川家から宗家入りした八代将軍・吉宗に受け継がれる。

こうして〝両典厩〟はいずれの当主も徳川将軍になったにもかかわらず、当主の血統が絶えたために消滅した。

ほんの短い間しか存在しなかった、知られざる名家だ。

❖幻の十一代将軍・徳川家基

徳川家基《いえもと》。世間ではこの名前はあまり知られていないかもしれない。

しかし彼は本来なら十一代将軍に就任するはずの人物だった。名前に〝家〟の字が入っていることからも、それが近い将来のこととして確実視されていたことを物語っている。

しかし結局そうはならなかった。十八歳のある日、突然この世を去ったからだ。

家基の父は十代将軍・家治である。

家治は正室の五十宮《いそのみや》と大変仲が良く、側室を取ろうとしなかった。しかし二人の間には女子しか生まれずいずれも早世。このため、田沼意次が「お世継ぎの問題を考えると側室を取られた方がよろしいのでは」と進言し、田沼が推薦した側室・お智保から生まれたのが長男・家基（幼名：竹千代）である。

家治は翌年に次男を授かるが早世したため、唯一の男子となった竹千代に期待をかけ、大切に育てた。家基自身も心身ともにすこぶる健康で、軽い麻疹にかかった以外、病に臥せった記録もなく、頻繁に鷹狩に出かけるなど活発な将軍世子として成長した。

しかし……。安永八年（一七七九）二月二十一日、江戸近郊の新井宿に鷹狩に出かけ、品川の東海寺で休憩をしていた時に突然体調不良に襲われる。急いで江戸城に帰城したが、三日後に帰らぬ人となった。

まさかの急展開であり、家基の死を巡っては様々な憶測が流れた。

『続三王外記《さんのうがいき》』（吉宗、家重、家治の逸話をまとめた本。江戸時代中期の著作）には、この時に田沼意次が推薦した池原雲伯という医師が同行していたので、田沼が暗殺したのではないかと匂わせている。しかし、先に書いたように家基の母のお智保は田沼意次の推薦で側室になった人であり、田沼に家基を暗殺することのメリットは全くなかった。

田沼暗殺説は根拠不明の単なる憶測なのだが、巷には急速な出世を遂げた田沼には「政敵を次々に暗殺している」との黒い噂が流れており、世間では信じた人も多かったようだ。

また、『日本回想録』（江戸時代中期に来日したオランダ商館長・ヅーフの回顧録）には、幕府に外国から献上したペルシャ馬に乗っていた時に将軍の息子が落馬して亡くなったという記述があり、これが家基のことではないかとも考えられている。

武門の頂点に立つべき将軍世子が外国の馬から落ちて亡くなったという不名誉を隠そうと死因が伏せられたため、憶測が憶測を呼んで毒殺説が流布したのかもしれない。

ただこの場合も、何度も鷹狩に出かけ、乗馬に慣れていたはずの家基が果たして致命傷を負うような落馬をするのかという疑問は残る。

不審死であることに変わりはないのだ。

家治はこの時四十三歳。この年になって十八歳まで順調に成長した世子を失った悲しみは、想像を絶するものであった。

『浚明院殿御実紀《しゅんめいいんでん》』（徳川幕府による家治の公式記録。江戸時代後期に編纂）によると、次のような様子であったという。

家基公が亡くなられた時、家治公は深く悲しんで朝晩の食事も召し上がれないほどで、周囲の者ばかりでなく、外様大名までが心配した。
ある日、見かねた老臣が
「この度の事を御悼みになるのはよくわかりますが、昔から貴賤を問わず、子に先立たれた親の話は少なからずございます。今はまだお若く、またお子様もできることでしょうから、どうかそのように落ち込まれないでください」
と励ました。すると家治公は
「それはそうであるが、私は天下を治める立場である。中年を過ぎてから手塩にかけて育てた子を失い、天下を譲るべき存在がなくなってしまった。これから先の天下人民の事を考えると心配が絶えない。私が嘆いているのは子を失ったからではない。天下人民のために嘆いているのだ」
と言ったので、誰も返す言葉もなくごもっともなことだと落涙した。

歴代将軍にとって、確実に男子を儲けて後継者を残さねばならないというプレッシャーは計り知れなかったのだ。特に家治は吉宗の嫡孫であったから、紀州系将軍嫡流を自分の代で途絶えさせてしまったという喪失感もあったことだろう。

家治は完全に心が折れて無気力となり、政治にも全く関心を示さなくなった。家基の死の二年後には紀州系傍流の御三卿・一橋家から養子をとり、十一代・家斉が誕生する。

家斉は側室四十人との間に子女五十五人を儲けたが、この異常な子作りも後継者を残さなければという強迫観念が後押ししていたのかもしれない。それにしても、多すぎるが。

ちなみに家斉は子沢山なことから身体強健のイメージが強いが、実は長年頭痛に悩まされていた。これは家基の祟りを恐れ、ノイローゼになっていたからだと言われている。
病に倒れた時には祈禱僧に「家基公の祟りです」と言われ「やっぱりそうか！」とそのまま宗教にのめりこんでいった。家基の死が、実は自分を将軍にしようとする父・一橋治済の陰謀ではないかという噂（一一七ページ参照）は、家斉が最も気にしていたことだった。

果たして家基は何故、どのように死んだのだろうか。真相は闇の中である。

第六章

その後の「徳川」「松平」一族

～戊辰戦争をどう乗り越えたか～

❖徳川幕府のクローザー

さて、時は幕府の最末期、幕末。

慶応二年（一八六六）七月、十四代将軍・徳川家茂が急死すると、老中たちが家茂の御遺命として御三卿・一橋家の慶喜のもとに家督相続の打診にやってきた。

しかし慶喜はこれを拒絶する。

あわてた老中たちが何日もかけて説得したところ、慶喜はようやく徳川宗家の家督相続に応じた。

『続再夢紀事《ぞくさいむきじ》』（松平春嶽の業績を記した福井松平家家臣による書）によると、松平春嶽はこの時の慶喜の態度を「まるで〝ネジ上げの酒飲み〟だ。十分にネジ上げたうえで御引き受けになった」と評している。ここでいう〝ネジ上げの酒飲み〟とは、酒の席で飲めない飲めないと言いながら本心では飲む気満々だし、勧められればかなり飲むし、勧められないとヘソを曲げるという厄介な酒飲みのことだと理解されている。

しかし慶喜のネジ上げはこれだけでは終わらなかった。慶喜は説得に応じて宗家の当主にはなったが、セットであるはずの征夷大将軍に就任することは拒絶したのだ。なぜか。

聡《さと》い慶喜は水戸徳川家にルーツを持つ自分に、幕閣や旗本・御家人・大奥といった徳川恩顧の面々の大多数からの人望がまるでないことを知っていた。彼らが内心で求めていたのは当時の正統派の紀州系将軍であり、それは前将軍の徳川家茂であった。

ただでさえ死に体《したい》の幕府の舵取りなど誰がやってもうまくいかない段階に入っているのに、もし自分から望んで将軍になれば、少しの失態で「それみたことか！　お前には無理だったのだ」と猛批判を招くことになるだろう。

このため誰からも「どうしても貴方にやっていただきたい！」と言われて「何度もイヤって言いましたよね？　皆さんが困っているとおっしゃるから仕方なくやるんですよ？」という状況が出来上がるまで首を縦に振らなかったのだ。

周囲からの再三再四の要請の末、慶喜はこの年の十二月になってようやく将軍職を引き受け十五代将軍に就任した。『昔夢会筆記《せきむかいひっき》』ではその心境を次のように回顧している。

「徳川宗家を相続するだけで将軍職は受けなくてよいということなら構わない」という条件で宗家を相続したが、相続すると老中たちは将軍職も受けてほしいと強要してきた。外国との関係もあったから結局これを引き受けることになった。

予が政権奉還を決めたのはこの時のことである。

東照公（家康）は日本国のために幕府を開いて将軍職に就かれたが、予は日本国のために幕府を葬る役割を担おうと覚悟を決めた。

政権奉還、つまり大政奉還を決意したうえで徳川幕府のクローザーとして登板したというのだ。ちょっとカッコよすぎやしないか。

これは慶喜自身の回顧録なので後づけで思い出が美化&脚色された部分もあるだろう。しかし実際、徳川家を頂点とした血族の世襲による封建的統治のありかたは、議会制民主主義が始まっていた当時の西洋世界的トレンドから大きく遅れていた。鎖国したままであればそれでもよかったかもしれないが、開国して西洋諸国と対等に付き合ってゆこうとするなら、日本でも新しい政治体制を構築する必要があった。

つまり、確かに幕府を葬る時期がきていたのだ。

そしてそれは、慶喜にしかできない仕事だった。

慶喜がルーツを持つ水戸徳川家は他の御三家と違い、初代の頼房までさかのぼらないと徳川宗家との血縁がなく、独自の血統を保って幕末に至る。慶喜のころの水戸徳川家と宗家との関係はほぼ他人だった。家康以来先祖代々続いた幕府を自分の代で終わらせるなどという決断は、例えば紀州徳川家にルーツを持つ十四代将軍の家茂のように、八代目から続く紀州系の歴代将軍と血縁が濃い人物にはとてもできなかっただろう。

慶喜が十五代将軍に就任した一八六七年、親幕府の立場をとっていた孝明天皇が急な崩御。当時数え十六歳の睦仁《むつひと》親王（のちの明治天皇）が反幕府派に担ぎ上げられ、武力による倒幕＝討幕まったなしの状態に陥った。

そして十月十四日、ついに討幕の密勅が下る。

しかし同日のうちに慶喜が大政奉還を奏上して将軍の辞意を表明したため、討幕の密勅は名目を失い討幕は中止となった。

この慶喜の鮮やかな政治判断は幕末史中の白眉である。

ちなみに大政奉還は、土佐の山内容堂《ようどう》の建白書を慶喜が受け入れる形で行われている。その意図は、幕府が政権を朝廷に返上したうえで、あらためて諸侯による連合政権＝公儀政体を構築することにあった。この諸侯の中には当然徳川家も含まれる。

大政奉還により幕府から朝廷に政権が返上されるとはいえ、朝廷には政権運営機構がない。このため新たな体制を作るにしても旧幕府のノウハウや人材が必要不可欠になるし、元将軍の自分が新政権の中心になると慶喜は想定していた。慶喜の官位は諸侯最高位の内大臣で、所領は直轄領だけでも四百万石を有する。つまり、幕府があろうとなかろうと、徳川宗家が名実ともに日本最大の諸侯勢力であることに変わりはないのだ。

大政奉還を慶喜に進言した土佐の山内容堂ら有力諸侯の多くも、徳川宗家を含む公儀政体を想定していた。しかし、そうは思わない勢力もあった。

同年十二月九日、王政復古の大号令が発せられ、幕府の廃絶、三職という政府の新しい役職人事などが正式に発表されたが、そこに徳川慶喜の名前がなかったのだ。

同日、新政府によって行われた小御所会議において、慶喜の辞官（内大臣の位の剝奪）と納地（領地の返上）が正式決定。徳川慶喜は新政府から完璧に排除された。

これは反幕府派急進勢力の公家・岩倉具視《いわくらともみ》や、薩摩の大久保利通《おおくぼとしみち》、西郷隆盛《さいごうたかもり》らが主導したクーデターだった。

山内容堂はせめて徳川慶喜を小御所会議に呼ぶべきであると猛抗議し、松平春嶽も慶喜を擁護したが受け入れられなかったという。

こうして、家康が幕府を開いてから二百六十五年続いた徳川政権は瓦解した。

慶応四年／明治元年（一八六八）正月、新政府軍と旧幕府軍の戦いである戊辰戦争が勃発。戦端が開かれた京都の鳥羽・伏見では新政府軍に旧幕府軍は苦戦を強いられた。大坂城にいた慶喜は戦場からの出馬要請を受け、一月六日に出馬を宣言している。

しかしその日の深夜。慶喜は「ちょっと来い」と言って会津の松平容保《かたもり》、桑名の松平定《さだ》敬《あき》らを呼び出して大坂城を抜け出し、大坂湾から軍艦で江戸に引き上げてしまった。え?!

松平容保が「出陣すると言ったのにどういうことですか！」とつめよると、慶喜は「ああでも言わないと収まらないから」と答えたという。え?!
この不可解な慶喜の行動原理は何だっただろう。その答えは『昔夢会筆記』の中で彼自身が父・斉昭の事を振り返った言葉の中に見出せるように思う。

烈公（慶喜の父・斉昭のこと）は尊皇の志厚く、毎年正月元旦には登城に先立って庭に立ち、遥か京都に向かってお辞儀なさっていたことは今でも知る人が多いことだろう。
予が二十歳のころだっただろうか、烈公は予を呼び出して
「公に言うべきことではないが、心得のために申しておく。我らは三家、三卿の一員として幕府を輔弼《ほひつ》すべきことは言うまでもないが、万が一朝廷と幕府が戦うことになったら、我らはたとえ幕府にそむくことになったとしても決して朝廷に弓引くことがあってはならない。これは義公（水戸徳川家二代目当主・光圀のこと）以来の家訓であるから、ゆめゆめ忘れる事なきように」
とおっしゃった。

鳥羽・伏見の戦場で新政府軍は錦旗《きんき》を揚げた。これで新政府軍は朝廷の正規軍である官軍で、敵対する旧幕府軍は賊軍、慶喜は朝敵という構図が出来上がってしまった。尊皇攘

夷論の本家本元ともいえる水戸学の土壌で育った慶喜にとって、朝敵となることは自分のみならず先祖までをも辱める大変ショッキングな出来事だったにちがいない。

幕府を葬ることはできても、朝敵の汚名を受け入れることはできなかったのだろう。

慶喜はその後、新政府軍に対してあくまで恭順の態度を貫き、無抵抗で江戸城を開城。初め故郷の水戸、後に家康ゆかりの駿府にて隠居生活を送ることになった。この時三十二歳。虎視《こし》眈々《たんたん》と表舞台への返り咲きのチャンスを狙っていた……かと思いきや、サイクリングや狩猟、写真に絵画に手芸などといった趣味に没頭し隠居生活をエンジョイした。

それはもう、不自然なくらいに。

彼はあの鳥羽・伏見の戦いからの逃亡以降、世間から「臆病者」と侮辱されようとも戦禍の火種になるような行動は絶対にとらず、極めて意識的に政治から距離をとった。

自分の思い描いた新時代にならなかった以上、政治には一切関わらない事が、幕府を葬った最後の徳川将軍としての彼なりのけじめだったのかもしれない。

明治時代半ばになると、慶喜が戊辰戦争で恭順の態度を貫いたことを好意的に受け止める機運も高まる。新政府軍と旧幕府軍の全面戦争が回避されたことが、日本の早期の近代化を実現させ、外国に付け入る隙を与えなかったと評価されるようになったのだ。

また、勝海舟の周旋《しゅうせん》もあり慶喜の名誉は段階的に回復。明治三十年（一八九七）に東京

徳川慶喜（国立国会図書館デジタルコレクション）

自他ともに認める美男子で写真を撮られるのが大好きだった慶喜。隠居生活に入ると自ら撮影することも趣味に。頭脳明晰すぎるゆえに周囲から孤立することも多かったので、人の上に立つ将軍より趣味人としての生き方が性に合っていたのかも。

に移住し、翌年には明治天皇に招かれて皇居への参内も叶う。

明治三十五年（一九〇二）には、徳川宗家とは別に徳川慶喜家を立てることが許され、公爵の位も与えられた。大正二年（一九一三）、重症肺炎で死去。七十七歳の大往生だった。

❖宗家十六代目当主・徳川家達と天璋院の奔走

徳川将軍を組織のトップにいただく江戸幕府は初代・家康からはじまり、十五代・慶喜の時に滅亡する。しかしその後も徳川宗家は続いた。

十六代目となったのは徳川**家達**《いえさと》である。

家達は文久三年（一八六三）、御三卿の田安家に生まれた。幼名・亀之助《かめのすけ》。三男であったが、兄の早世を受けて、慶応元年（一八六五）に田安家当主となる。

同年には十四代将軍・家茂が、孝明天皇による第一次長州征伐の号令が下ったため京都に上洛。江戸城から出発する前に、家茂は「万が一自分に何かあった時には、御三卿田安家の亀之助に徳川宗家を継がせてほしい」という内意を大奥に伝えた。

大奥の実質的な長は天璋院である。天璋院は薩摩の島津家の一門に生まれ、本家当主の島津斉彬《なりあきら》の養女となり、さらに五摂家の近衛家の養女になったうえで十三代将軍・徳川家定の継室になった女性。家定亡き後も江戸城に残って女性たちを取り仕切り、義理の息子である家茂を大奥から支えた。

慶応二年（一八六六）、大坂城で家茂が急病に倒れ亡くなった際には、天璋院ら大奥からの強い要望により家茂の遺命として亀之助が十五代将軍候補になる。しかし、数え四歳の亀之助が将軍として日本国の行く末を背負うのは現実的ではなかった。

また家茂自身も死の直前には「もし病気が治らなかったら、政治は一橋慶喜に任せたい」という意向を老中に伝えていたため、亀之助への相続はひとまず見送られ、一橋慶喜が徳川宗家入りして十五代将軍に就任することになった。

慶応三年（一八六七）、王政復古の大号令という名のクーデターが起こり幕府は滅亡。

慶応四年（一八六八）、正月には戊辰戦争が勃発。開戦早々江戸に引き上げた徳川慶喜追討のため、薩摩&長州率いる新政府軍は江戸城総攻撃を実行すべく進軍を始める。

薩摩出身の天璋院は、この時〝薩州隊長〟宛に、次のような嘆願書を出した。

お手紙を出したのはほかでもない、慶喜の事についてです。昭徳院（家茂のこと）が他界した後に慶喜が将軍になったことは時勢ゆえやむを得ずと思って黙ってまいりました。

しかし、慶喜の普段の振る舞いには前々から納得できないことがございました。将軍家を相続してからは問題は起こさないだろうと思っておりましたが、思いがけない事態になりました。このようになったからには慶喜の処罰はおまかせいたします。

しかし、この度、徳川を朝敵とする御沙汰がございました。（中略）

私の一命にかけてお願い申し上げます。私が徳川に嫁ぐことになりましたのも、父上（天璋院の養父・島津斉彬のこと）のお考えであり、神君・家康公のお骨折りによって成し遂げられた天下泰平と徳川の安泰を願ってのことだとは皆さまご存じの通りです。

徳川を救う方法はないものでしょうか？　慶喜はどのような天罰を受けても仕方がありませんが、徳川は大切な家です。徳川の安堵を朝廷にお頼みいただけないでしょうか。

私は徳川に嫁いだ以上、徳川の土になることは当然の事。今は亡き温恭院（家定のこと）に代わって御当家安堵のお願いを申し上げる次第です。

私の命があるうちに徳川にもしものことがありましたら全く面目が立たず、不安で日々寝食を十分に取れずに嘆いておりますことはお察しください。徳川を御救いいただくことは、私の命を御救いいただくよりもなお重く、ありがたいことでございます。

（中略）

本来であれば修理大夫（当時の島津家当主・忠義のこと）にお頼みすべきことですが、火急のことですので貴方にお願いするのです。なにとぞ、厚くお頼み申し上げます。

薩州隊長へ

天璋院
人々

（ちょいちょい慶喜がディスられているのが実に味わい深いが）徳川家に嫁いだ者として命がけで御家存続を切願する文面は読む人の胸を打つ。

ちなみに宛先になっている〝薩州隊長〟というのは薩摩軍を率いる西郷隆盛のこと。西郷は天璋院からの嘆願書を読んで涙を流したそうだ。

こうした天璋院ら旧幕府側からの数々の嘆願が聞き入れられて、新政府側の代表者・西郷隆盛と旧幕府側の代表者・勝海舟との会談の結果、江戸城総攻撃の中止が決定。徳川慶喜は死一等を減ぜられて水戸にて謹慎、徳川宗家は田安亀之助が相続することとなった。

亀之助は名を家達と改め、徳川宗家当主として駿河国府中七十万石に封じられた。翌年には静岡藩知事になるが、明治四年（一八七一）の廃藩置県により免職となり東京に移住する。

住居は旧静岡藩邸や尾張徳川家下屋敷などを経て赤坂の勝海舟邸の隣に落ち着き、天璋院ら旧幕府の人々による養育を受けた。『氷川清話』や『海舟餘話』など、勝海舟の回顧談によると、家達は元来が人に可愛がられる性質で、学問も相応にあり、とても正直だっ

徳川家達（国立国会図書館デジタルコレクション）

数え6歳で徳川宗家の十六代当主となった家達。とても大人しい子供だったようです。好きな遊びは「お客様ごっこ」。

たという。また天璋院の教育方針で質素に育てられ、外出する時にも庶民的で丈夫な双子織の着物以外は着させなかったらしい。ただ徳川宗家当主としての品格は失わなかった。

勝海舟と親交が深いアメリカ人教育家・ウィリアム・ホイットニーの娘、クララの日記には明治九年（一八七六）のクリスマスパーティーに家達が参加した時の様子が記されている。

今宵の花形、つまり徳川家の若殿（家達）が三人の従者を連れて、自家用人力車で静かに入って来られた。十四歳か十五歳だが、非常に威厳のある風采の方で、とても色が黒く、濃い赤みがかった鷲鼻、細い目、小さい弓型の口をしておられる。背と胸に、聖なる徳川家の家紋がついていた。アメリカではタイクーン（大君、将軍）と呼ばれている方だ。おいでになってからうちの使用人たちに話したら、ウメは両手を振り上げ、テイは脇腹を押さえて息をのみ、倒れないように戸によりかかったが、そのさまは滑稽な眺めだった。
それから二人は、戸のすき間から若き将軍をのぞこうと駆け寄った。ウメは、徳川家の人を家にお招きするのはたいしたことなのだと言った。以前は将軍のお通りの時は、人々は皆家に閉じこもって、戸に目張りをし、大君は炭のいぶった匂いがきらいだから、五時間家の中で火をたいてはいけなかったそうだ。たまたまその時間に道路に居合わせたら、誰でも徳川家の駕籠の前にひれ伏さなければならなかった、といってウメはやって見せた。

（『勝海舟の嫁　クララの明治日記』中公文庫より）

外国人のクララには、日本人の使用人たちが徳川家に対してみせる過剰反応が新鮮に映ったことだろう。それから家達はクララたちとクリスマスツリーを見ながら夕食をとり、一緒にゲームに参加して罰ゲームにも嫌がらずに従ったという。その後、明治十年（一八七七）には徳川家は千駄ヶ谷に引っ越し、家達は英国留学に出た。
天璋院はこの間に近衛家の娘と家達の縁組をまとめ、明治十五年（一八八二）に家達が帰国して結婚。これを見届け満足したかのように、天璋院は婚礼の翌年、千駄ヶ谷の徳川邸で倒れてそのまま帰らぬ人となった。享年四十八。死因は脳溢血《のういっけつ》であったという。

華族制度が制定されると家達は最高位の公爵に叙任されて貴族院議員となり、明治三十六年（一九〇三）に貴族院議長に就任。昭和八年（一九三三）までの間この職を務めた。どこかの政党や派閥に肩入れすることがなく、その態度は「公平」「無色透明」などと評された。内閣総理大臣に推薦されたこともあったが辞退。第一次世界大戦後のワシントン会議には全権委員として出席して軍縮に貢献し、済世会会長・日本赤十字社社長等を歴任。天下泰平の世を築いた徳川宗家の当主としての存在感を示した。

晩年にはＩＯＣ委員となり、日本初となる東京オリンピックの大会組織委員長に就任。開催をアピールする際に「徳川」の名はこの上ないブランド価値を持ったことだろう。しかしこのオリンピックは日中戦争勃発により実現はせず、幻となる。

家達は昭和十五年（一九四〇）、本来なら日本初のオリンピックが開催されたはずの年に肺炎を患ってこの世を去った。享年七十八。後に実現した二度の東京オリンピックで、千駄ヶ谷徳川邸跡に建つ東京体育館、江戸城田安家邸跡に建つ日本武道館など徳川家ゆかりの地が競技会場になったのは、何とも感慨深いことである。

❖幕末京都の台風の目・一会桑

王政復古の大号令では幕府だけでなく、京都守護職、京都所司代の廃絶も明記された。討幕勢力にとって、幕府とともに憎悪の対象になっていたということである。一体なぜか。
まず、京都所司代というのはもともと幕府によって設置されていた京都の治安維持組織である。しかし、幕末、政局の中心地が江戸から京都へと移ると、京都所司代だけではとても手が回らなくなった。

京都には強烈な攘夷思想を持つ孝明天皇がおり、天皇の攘夷の意思を絶対視する尊皇攘夷の嵐が吹き荒れたからだ。開国に踏み切った幕府に対する不信感は勤王の志士たちの行動を過激化させ、要人の暗殺、商家への強盗などが横行し、治安は荒れに荒れた。

このため幕府は文久二年（一八六二）、京都の治安維持のための新たな役職を作った。これが京都守護職である。指名されたのは御家門の会津松平家当主・松平容保だった。

『京都守護職始末』（松平容保の家臣・山川浩による手記）によると、松平容保は流石に荷が重すぎると固辞したが、福井松平家の松平春嶽が「保科正之公ならお引き受けになっていたと思いますよ」と、三代将軍・家光から〝託孤の遺命〟を受けた会津松平家の家祖・保科正之（一三六ページ参照）の名前を出して説得。このため容保はついに、京都守護職を引き受けることを決意したという。

家老たちは「時勢は開国をした幕府に不利になっています！　いま京都に幕府側として乗り込むのは薪を背負って火事を止めに行くようなもので、苦労ばかりでなんの成果も得られません！」といって、なんとか辞退するように勧めたが、容保は「会津には正之公が定めた〝将軍家に対して一心大切に忠勤を誓う〟という家訓がある。私はこのことを一日たりとも忘れたことはない」といって譲らなかった。

松平容保（国立国会図書館デジタルコレクション）

その美貌に男女問わずザワついたという容保。京都守護職時代のこの写真からも貴公子然とした雰囲気が伝わります。

家臣たちは容保の覚悟に感動し「こうなったからには君臣ともに京都で死のう」と涙を流して結束をかため、文久二年（一八六二）年末に上洛した。

翌年には、八月十八日の政変が起こり、会津と薩摩が主導して京都から過激な尊皇攘夷思想を持つ長州勢力を一掃。新たな政治体制構築の機運が一気に高まる。

同じ年の十二月には、徳川幕府の将軍後見職、つまり将軍名代として京都に滞在していた一橋慶喜の京都の邸宅において、慶喜をはじめ、会津の松平容保、薩摩の島津久光、福井の松平春嶽、土佐の山内容堂、宇和島の伊達宗城《むねなり》ら有力諸侯が会合。

このメンバーは朝廷から朝議に参加する朝議参与として認められ、朝議参与がまとめた案を、天皇が裁可して幕府が施行する新たな政治体制、参与会議体制とも呼ぶべき新たな政治体制樹立の見込みがたった。

これは、朝廷と幕府の一体化を目指す公武合体はもちろん、有力諸侯の連合政権である公儀政体の実現を意味する画期的な出来事だった。

しかし、参与会議体制は一橋慶喜のある行動をきっかけに一瞬で崩壊する。

公家の中川宮邸で開かれた酒宴でのこと。慶喜が中川宮に対し、同席していた松平春嶽、島津久光、伊達宗城らの事を

「この三人は天下の大愚物・大奸物である。なぜ宮は信用なさるのか。将軍後見職である自分とは同列に見ないでもらいたい」

と見下してバッサリ切り捨てたのだ。慶喜はなぜこんな暴言を吐いたのか。

前出の三人は参与会議体制の中心メンバーである。元治元年（一八六四）一月に上洛した十四代将軍・家茂も、三人を酒宴に招いて自ら酌をするなど厚遇した。

将軍が家臣である大名たちに酌をするなど前代未聞だが、家茂としては彼らへの感謝と信頼を態度で示したいという思いがあったのだろう。

しかしこれは、このまま公儀政体が実現すれば、有力諸侯の発言権が俄然強まり、必然

的に徳川家の存在感が薄れるというパワーバランスになることを如実に表していた。

特に、公武合体と公儀政体の実現はもともと薩摩の島津久光の構想であり、朝廷側と交渉をして朝議参与を認められたのも久光の骨折りであったから薩摩が主導権を握るだろう。聡い慶喜は、この危険性を敏感に察知。参与会議体制においても徳川家が絶対優位に立ち主導権を握らねばならないと考えて高圧的な発言をしたのだ。

しかし、三人にしてみれば、ついさっきまで同じ方向をみて進んできたと思っていた一橋慶喜に急に面と向かって、暴言を吐かれたわけだからドン引きである。

慶喜はこのように恐ろしく頭脳明晰で状況判断も的確。行動力もあったのだが、自分の頭の中で考えたロジックを他人に説明することがなかった。このため「何を考えているかわからない」と思われたのだろう。ついたあだ名は〝二心殿（表と裏の二つの心があって裏切る人、信用できない人、という意味）〟である。

この一件で諸侯の足並みは揃わなくなり、結局、参与会議体制は空中分解に終わった。メンツをつぶされた薩摩の島津久光の慶喜に対する憎悪はすさまじく、薩摩はアンチ慶喜の動きをとるようになる。

慶喜はというとそんなことは歯牙にもかけず、将軍後見職を辞職。一八六四年三月には新たに京都御所警護を司る禁裏守衛総督と、大坂湾で想定される外国の攻撃から天皇を守る摂海防禦指揮《せっかいぼうぎょしき》という役職に就き、朝廷から厚い信頼を得ていることを諸侯に見せつけた。

同年四月には久松松平家の系統である御家門・桑名の松平定敬が京都所司代に就任。一橋慶喜、会津の松平容保、桑名の松平定敬が京都に揃って独自勢力を築き上げ、孝明天皇、および朝廷と強く結びついて有力諸侯の力を押さえて徳川家の復権に向けて動き出した。

これが、それぞれの頭文字をとって一会桑と呼ばれる政治勢力である。

一会桑は江戸幕府の京都での出先機関的位置づけではあるが、当時の交通・通信事情からしても幕府の意思のすべてを忠実に反映できていたわけではなく、時には幕府本体の許可を得ることなく独自の行動をとるようになる。特に一橋慶喜が。

こうして一会桑は幕末の京都政局の台風の目となった。反幕府勢力を結合せしめたのは、江戸幕府そのものに対してではなく、一橋慶喜であり、一会桑の動きに対する反発という側面が大きいのだ。そして最終的には一橋慶喜が京都で十五代目の将軍になったことで、一会桑勢力は幕府と一体化する。もともと討幕思考のあった急進派の公家や長州に加えて、一橋慶喜に恨みを持つ薩摩の標的も幕府となり、討幕勢力が膨れ上がった。

鳥羽・伏見の戦いの後に、慶喜が「ちょっと来い」と言って大坂城からの脱走に会津の松平容保と桑名の松平定敬を誘ったのは、慶喜本人にも自分たちが標的になっている自覚があったからだろう。戊辰戦争においてこの三人が朝敵として名指しされたことからも、一会桑に対する憎悪が討幕勢力にとっていかに強烈であったかを物語っている。

❖ところで、御三家って何してたの？

徳川宗家が大ピンチ！ でもそんな時は必ず助けてくれる、それが御三家！ のはずだったが、結論からいうと戊辰戦争ではそうはならなかった。

御三家筆頭、尾張徳川家はどうだったか。なんと、開戦早々に新政府側についている。

そもそも、八代将軍・吉宗が御三家の紀州徳川家から宗家入りして以降、十四代・家茂まで紀州系&紀州傍系将軍の時代が続き、徳川宗家は実質、紀州徳川家に独占されていた。本来であれば将軍を輩出できる家柄の尾張徳川家にしてみれば当然面白くない。

徳川宗家と尾張徳川家の関係は冷え切っていたのだ。

そんな中で幕末に尾張徳川家の当主になった**慶勝**《よしかつ》は、文武両道の多趣味な人だった。

特筆すべきは写真撮影にハマっていたこと。文久元年（一八六一）に自分で自分を撮影した写真、いわゆる自撮り写真が残っている。現代だからこそ誰もがカメラを手にして気軽に撮影をすることができるが当時は全くそうではない。日本人写真師による写真館ができるのはこの翌年のことだから、時代の最先端を行く趣味だったといえる。

ちなみに日本で初めて肖像写真の被写体となったのは薩摩の島津斉彬で、慶勝は斉彬と親交があった。また、斉彬は水戸の徳川斉昭にも写真撮影の方法を事細かに手紙で伝えているから、彼らは写真仲間だったといってもいいかもしれない。

だから、という理由だけではもちろんないが、将軍継嗣問題で徳川慶勝は、島津斉彬、徳川斉昭と連携して一橋慶喜を推す一橋派に与し、幕府の政治に積極的に関与した。

紀州徳川家の家茂を推す大老・井伊直弼率いる南紀派とは激しく対立し、安政の大獄では一時は強制隠居処分となる。この時できた暇な時間でさらにカメラにのめりこんだ。

後に許されて政治活動を再開すると、尾張徳川家当主の座は譲ったものの実権を握り続けて政局に関与する。

元治元年（一八六四）の孝明天皇の号令による第一次長州征伐軍では総督を任された。

しかし、この時も写真機や組み立て式の暗室を携え各地を撮影しながらゆるゆると行軍した。「マイペース過ぎる！」と周囲には不可解に映っただろうが、彼の真意は別にあった。

それは、内戦回避である。

写真趣味からわかるように開明的な慶勝は、近代化を遂げた西洋諸国の技術力が日本より遥かに優れていることを知っていた。大規模な内戦が始まって国内が混乱すれば、そのすきをついて最新兵器を持った諸外国が日本に攻め込み植民地化されるだろう。このため長州とも大きな軍事衝突は避けるべきと考えていたのだ。

徳川慶勝（国立国会図書館デジタルコレクション）

自撮り写真のパイオニア慶勝。今でこそ身近な写真撮影も、当時は異文化の理解と最新技術を要する高尚な趣味でした。

この時の参謀が薩摩の西郷隆盛だった。慶勝と隆盛は内戦回避の方針で意気投合し、長州に恭順を選択させるために充分な時間を与えた。そして長州側から恭順の意思として三人の家老の首が差し出されたことなどから戦わずして撤兵したのである。

この対応があまりに悠長で長州に対して寛大すぎると、会津の松平容保や一橋慶喜は慶勝に対して不信感を持った。慶喜などは肥後の長岡護美《ながおかもりよし》あての手紙に、

> 総督（慶勝のこと）の英気は極めて薄く、どうやら芋（薩摩のこと）に酔ったようだ。芋は酒よりも酔うと聞く。その銘柄は大島（西郷隆盛の変名）と言うらしい。

と書いている。慶喜の指摘通りその後も慶勝は西郷隆盛らと連携を保ち、慶応三年（一

八六七）の王政復古の大号令では新政府三職の中の議定《ぎじょう》という役職に任命された。

つまり新政府は、徳川宗家の慶喜を排除するかわりに尾張徳川家の慶勝を自陣に引き入れたのだ。これで徳川一門の勢力は大きく分断された。

そして翌年の戊辰戦争でも慶勝は新政府側についた。これは西郷隆盛との関係はもちろんだが、尾張徳川家には初代・義直以来の家訓として代々強い尊皇思想が受け継がれていた（六五ページ参照）ことも影響している。尾張徳川家家臣の中にも相当根強い尊皇思想を持つ派閥があった。

とはいえ、返す返すも尾張徳川家は御三家筆頭の家柄だ。当然、家中には親幕府の動きを見せる家臣たちも大勢いた。慶勝は板挟みになった形だったが、結局は親幕府勢力の十四人を処刑、二十人を隠居処分とし（青松葉事件）、尾張徳川家の方針を天皇のために忠勤を尽くす勤王に統一。

尾張の近隣諸国の大名や寺社あてに実に七百五十通もの手紙を出して次々と新政府に味方するよう勧誘した。声をかけられた側は「徳川御三家のいうことに従って天皇に誠意をみせられるのなら旧幕府と新政府、どちらにも顔が立つ」ということもあって続々とこれに応じる。

鳥羽・伏見の戦いの後に、新政府軍が江戸をめがけて進軍する際の行軍が驚くほどスムーズだったのはこの〝勤王誘引〟と呼ばれる工作が功を奏し、東海道・中山道の要衝である尾張はもちろん、街道沿いの諸勢力を新政府の味方にすることができたからなのだ。慶勝の〝勤王誘引〟の背景には先に述べた内戦回避への強い信念も当然あったはずである。

そして江戸に乗り込んだ新政府軍の板垣退助《いたがきたいすけ》は、なんの苦労もなく尾張徳川家の市ヶ谷上屋敷に江戸城総攻撃の司令部を置いた。

御三家の江戸屋敷は万が一、江戸に敵が攻め寄せた際の防衛拠点に配置されていた。特に尾張徳川家の市ヶ谷上屋敷は江戸城の外堀の外側から城を見下ろす崖の上に位置し、最終防衛ラインともいえる場所にあった。ちなみに、尾張徳川家市ヶ谷上屋敷の跡地は、明治以降は陸軍の施設として活用され、現在は防衛省の敷地である。

裏を返せば、江戸城防衛戦においてここを取られたら〝詰み〟なのだ。絶対に敵に渡してはならない場所だったのであるが……。肝心の尾張徳川家が徳川宗家を討つ側にまわる日が来るとは、全く想定されていなかった。歴史とは数奇なものである。

紀州徳川家はどうだったか。当主の徳川家茂が宗家入りして十四代将軍になった後は、御連枝の西条松平家から新たな当主・**茂承《もちつぐ》**が迎えられた。家茂は二歳年上の茂承に懐いていた。

慶応二年（一八六六）の第二次長州征伐の際に茂承が出陣する際には、家茂は自ら采配と陣羽織を渡して激励し、人払いをして二人きりで水入らずの時間を過ごしたほどである。

だがしかし、この第二次長州征伐の最中に家茂が急死。これ以降、紀州徳川家は沈黙する。

そもそも、長州征伐において紀州徳川家は軍資金の提供など大きな負担を強いられており幕府に対する不満が高まっていた。ただ、茂承は紀州徳川家の御連枝の西条松平家出身であるから、紀州系将軍の家茂を支える強い責任感があった。また家茂との個人的親睦もあったからこそ無茶な要求にも応えてきたのだ。

しかし新たに宗家入りして十五代将軍になった慶喜は水戸徳川家の出身であるし、個人としての格別な交流もない。つまり宗家に対して紀州徳川家が操《みさお》を立てる理由がなくなったのだ。

慶応四年（一八六八）戊辰戦争が始まると、紀州徳川家は旧幕府軍には与せずに新政府軍に恭順する姿勢を取った。しかし鳥羽・伏見の戦いで敗れた旧幕府軍の敗残兵が、御三家を頼って紀州徳川家の領地である和歌山に続々と逃げ込んでくる。

このため紀州は新政府からの攻撃目標になりかけた。茂承はこの時病に罹《かか》っていたが、新政府軍への抵抗の意思がないことを示すために入京し、軍資金十五万両を提供するなどしてひたすら新政府への恭順の態度を貫いた。

水戸徳川家はどうだったか。尊皇攘夷を主張する烈公・徳川斉昭の動きもあって一時期は政局にも大きくからんだ水戸徳川家であるが、世論は徐々に「開国止む無し」に傾いていった。

しかし、水戸では旧態依然とした尊皇攘夷を主張する動きが活発だった。これに反発して幕府に同調すべきという佐幕派も台頭し、家中は二つに割れた。

元治元年（一八六四）には尊皇攘夷を強く主張する天狗党が挙兵。幕府が追討にのりだす事態に発展する。天狗党は水戸徳川家出身の一橋慶喜を頼って京都を目指したが、その慶喜が天狗党の追討に積極的に動いたため八方ふさがりとなって降伏した。

その後も家中では内部抗争が相次ぐ。斉昭の跡を継いで水戸徳川家の当主となった慶篤《よしあつ》には混沌とした状況をとてもまとめきれず、ついに水戸徳川家が幕末の政局で存在感を示すことはなくなったのだ。

戊辰戦争では水戸徳川家内部に佐幕派勢力があったことから、「除奸反正（佐幕派を討伐し、政治を尊皇思想に正常化せよの意）」の勅書が出る。慶篤の弟の慶喜は、家中を尊皇派で統一するよう助言して慶篤もこれに従い新政府に恭順した。水戸徳川家からは佐幕派勢力は一掃され、旧幕府軍にも味方することもなかった。

このように、戊辰戦争という重要局面において徳川御三家は三家とも旧幕府軍を支持する動きを一切取らず、意欲の差こそあれ新政府軍側に味方したのだ。

しかし、御三家のうちの一家でも旧幕府軍側として参戦したとすればどうなっていたか。徹底抗戦を願う旧幕府軍側の拠り所となって戦は泥沼化。勝敗がどうなったかはわからないが内戦状態が長引いたであろうことは必至で、その分だけ金がかかってより多くの人が死に、国力は落ち、外国に付け入る隙を与え、日本の近代化も大幅に遅れただろう。御三家が旧幕府軍側として戦わなかったからこそ、明治維新は成ったのだ。新時代を作った影の立役者といえるかもしれない。

❖「徳川」「松平」の呪縛・高須四兄弟

ここまであえて触れずにきたが、この章で取り上げた尾張の徳川慶勝、会津の松平容保、桑名の松平定敬は兄弟だ。これに一橋茂栄《もちはる》を加えた四人の実の兄弟が幕末、明治維新において非常に重要な役割を担った。俗にいう高須四兄弟である。

高須、というのは彼らの実家である尾張徳川家の御連枝の高須松平家に由来する。父親の松平**義建**《よしたつ》は数多くの子宝に恵まれ、子供たちを大名家の養子に出した。

大勢いる兄弟の中で大きな期待を寄せられたのが次男の慶勝だった。

長男が早世したため早くから嫡男扱いとなり、英才教育の甲斐あって文武両道の秀才に成長。尾張徳川家の跡継ぎが不在になると、御連枝である高須松平家の慶勝との養子縁組が熱望された。

というのも、尾張徳川家の始祖・義直の嫡流は九代当主の後継者が次々に亡くなったことで断絶した。そういう時に養子を出すための控えが御連枝の高須松平家なのだが、十代当主になったのは、十一代将軍・徳川家斉の甥で、そのあとも三代続けて家斉の子供や甥が当主になった。

つまり尾張徳川家では徳川宗家からの押し付け養子が続いていたのだ。

徳川宗家というが、徳川家斉は御三卿一橋徳川家から宗家入りした人なので、実質的には紀州徳川家の血統の将軍である。その息子や甥たちは尾張徳川家に対しては何の思い入れもなく、政治向きのことは家臣に任せっぱなしになった。

ただでさえライバル視している紀州系、しかもやる気がないトップを押し付けられた尾張徳川家にしてみればたまったものではない。次こそ高須松平家から優秀な慶勝を尾張徳川家当主に迎えよう！という声は高まっていった。

ただ、慶勝の祖父と生母は水戸徳川家の出身。つまり当時の高須松平家は尾張徳川家よりもむしろ水戸徳川家に近い血統になっていたというややこしい事情もあり、なかなか実現はしなかった。

慶勝がようやく尾張徳川家の当主になったのは、嘉永二年（一八四九）、二十六歳の時である。

翌、嘉永三年（一八五〇）、父・義建の隠居により、高須松平家の当主になったのが五男の茂栄だ。茂栄は慶勝とは違い、父・義建からは全く期待されていなかった。

しかし、安政五年（一八五八）に尾張徳川家の当主である兄・慶勝が安政の大獄で隠居したことから、繰り上がって尾張徳川家当主に就任することになる。ただこの時は安政の大獄を主導した井伊直弼の意向を汲む家老が政治を主導。また文久二年（一八六二）には慶勝が赦免され再び尾張徳川家の実権を握り、慶勝の息子の義宜《よしのり》が弱冠六歳で当主になった。

このため茂栄は何を成し遂げることもなく当主の座を追われ引退に追い込まれたのだ。慶勝との間には禍根が残った。

しかしそんな不遇の茂栄の事を父と慕う人物がいた。十四代将軍・家茂である。

家茂は茂栄が尾張徳川家の当主になった年に紀州徳川家から徳川宗家に入って将軍になった。分家から本家に入って家督を相続するという同じような境遇に親近感を覚えたのだろうか、十五歳年上の茂栄に様々なことを相談するようになった。

茂栄は慶勝のような政治的才覚にこそ乏しく、時に「粗暴」と表現されるほど直言の人であったが、情に厚く真面目な性格であった。

実父を幼少期に亡くした家茂にとっては、厳しいけれど絶対に自分の味方をしてくれ

高須松平家系図

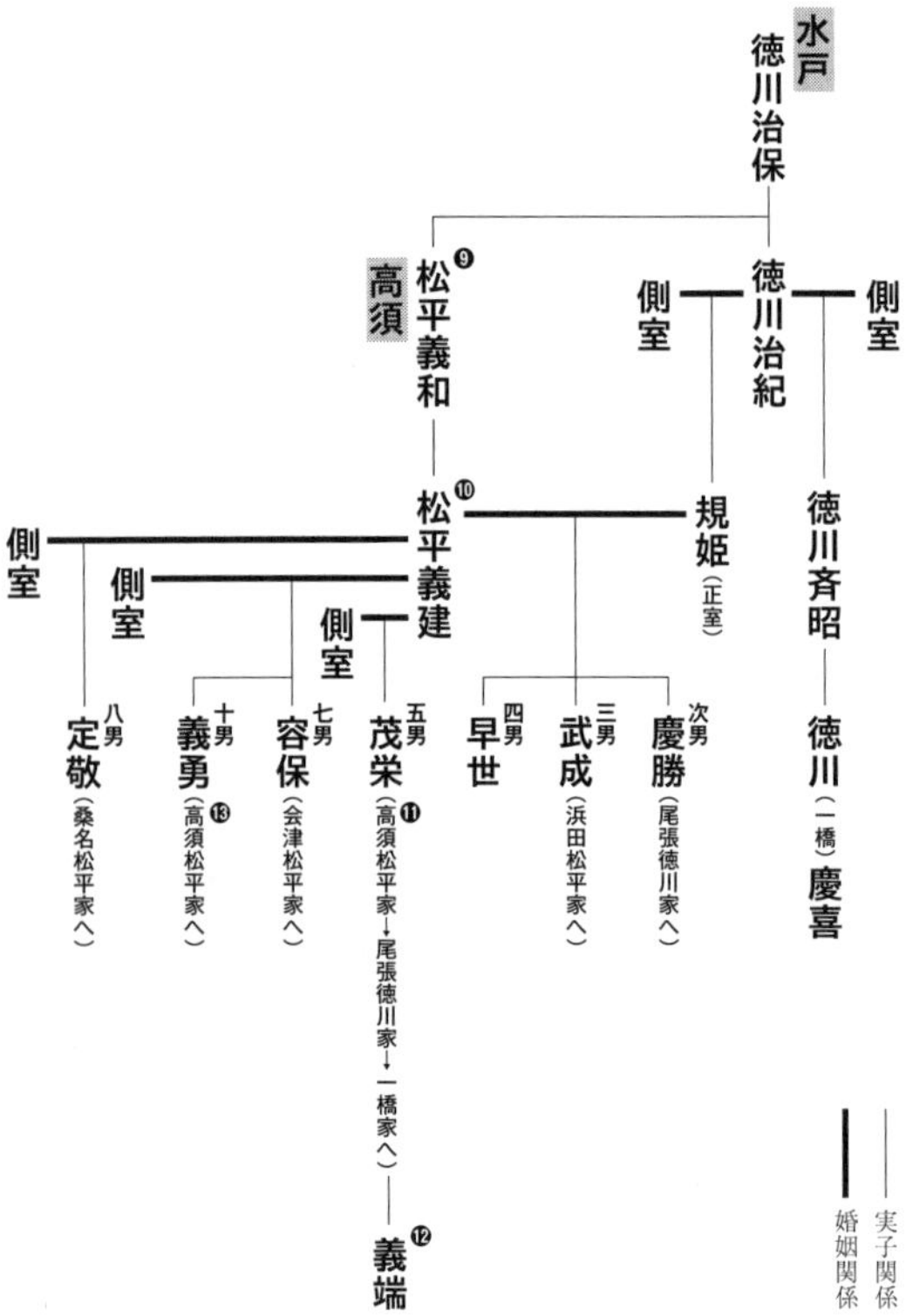

※❾・❿・⓫・⓬・⓭ 高須松平家当主としての代数。
※義建の長男・四男・六男・九男は詳細不明。なお、この他に八女（九女とも）あり。

尾張徳川家の御連枝でありながら、幕末の時点においては水戸徳川家との深いつながりがあった高須松平家。この特殊な立ち位置が高須四兄弟それぞれの運命を大きく左右します。

る、まさに父親のような存在として心底頼りにしていたのだろう。

例えば尾張徳川家当主を引退した後に、上洛する家茂に従って茂栄が京都に同行した時の事。家茂が進退窮まって将軍職を辞職すると言い出したことがあったのだが、その時に辞職を思いとどまったのは各方面の調整役となった「茂栄の力が一番大きい」と、家茂本人が手をついて感謝を述べたという記録も残っている。

その後、茂栄が、上方に長期滞在となる家茂に代わって江戸の留守居を任され、さらに慶応二年（一八六六）四月には御三卿清水家相続の内命が出ていることからも信頼の程が知れよう。というのも家茂の実父は清水家の当主経験者なのだ。その座に茂栄を据えるということは、名実ともに父として遇するという家茂の意思表示に他ならなかった。

しかし、このような状況を危険視したのが一橋慶喜と徳川慶勝であった。

家茂が絶大な信頼を寄せる茂栄が清水家を相続すれば、同じ御三卿の立場である一橋慶喜にとって強力なライバルになることが目に見えている。慶勝にしても、引退したとはいえ尾張徳川家当主経験者である茂栄が求心力を持つことは脅威であった。

そこで同年七月に家茂が急死すると、徳川宗家を相続した慶喜が慶勝の意向も汲んで、茂栄を清水家ではなく一橋家の当主に据えてしまったのだ。清水家当主として茂栄に独自の勢力を築かれては困るので、自身がコントロールしやすい一橋家に入れたのだろう。清水家には代わりに慶喜の実弟・昭武《あきたけ》が入った。

茂栄は家茂の死去を逆手に取ったこの人事に憤慨して一度は相続を辞退した。

しかし結局は了承して一橋家当主となり、将軍不在の江戸を預かる留守役として天璋院ら、大奥の女性たちと連携し、最末期の江戸幕府を支える覚悟を決める。


高須四兄弟のうち、一番早く養子縁組の話がまとまったのは会津松平家の養子になった松平容保だった。会津松平家は御家門の中でも徳川将軍家と近い家柄であり、美濃高須松平家にしてみれば尾張徳川家をのぞくと最高の養子先である。

数多くいた候補者や兄たちを差し置いてなぜ容保が選ばれたのだろうか。それは容保が最も養子向きだったからだろう。当時は〝見た目に品があって真面目で穏やかな性格〟なことが養子向きの条件と考えられていたが、まず容保は抜群に顔が良かった。

養子先の会津松平家では容保を見て「お子柄が良い」と男女問わず騒いで喜んだという。また、『会津こぼれ草』（会津に残る逸話をまとめた本。昭和二十七年刊行）に掲載されている京都守護職時代の容保を実際に見たという人の話によると、

京都守護職であられた会津中将さん（容保のこと）はとても美男子で、男が見てもは

れぼれするような人でした。（中略）私は一度烏丸通りで見たことがありましたが、真白い馬にお乗りになって真っ赤な陣羽織みたいなものを着、烏帽子を被り、槍を担いだ新選組（京都守護職の下で京都の治安維持を担当した部隊）を従えて、馬の口は近藤勇（新選組の局長）が取り右手には例の虎徹とか云う刀を抜き身でもっておりました。会津中将さんのお通りだというと、若い女の子はわれ先にと、表に飛び出していったものですよ。

というから、一般女性にもアイドルのように憧れられていたらしい。

現代においては顔面の美醜に言及することを良しとしない風潮もあるが、当時は人相学が発達しており「どのような顔か」が人間性を推し量る大事な判断材料になっていた。

ましてや大名家の当主になる人物は文字通りその家の顔になるわけだから、良い養子の条件として説得力のある顔面が求められても不思議ではないのだ。

もちろん見た目だけではなく、養子先で受け入れられるための性格の良さや公務に取り組む真面目さも重要なポイントになる。容保はこれらの条件を百二十点でクリアする逸材であり、その人柄に朝廷も幕府も一目も二目も置いていた。

しかしウィークポイントもあった。病弱なことだ。

京都での激務がたたってか元治元年（一八六四）には一時、食事もとれない重篤な状態となった。しかし、孝明天皇も将軍の徳川家茂も容保の京都守護職継続を熱望。

そこで白羽の矢が立ったのが、容保の実弟の桑名松平家当主・松平定敬である。

定敬は、容保が会津に養子に出た年に生まれた。容保とは十歳年が離れていて元治元年（一八六四）には十九歳という若さ。その定敬を京都所司代に据えるよう幕府に要望したのが、ほかならぬ松平容保だった。

京都所司代は慣例では徳川宗家の譜代大名の職務であり、御家門の桑名松平家がその任に当たるのは異例の人事であったが、幕府は前例を度外視して容保の要望を聞き入れた。

こうして松平定敬は京都所司代となり、京都守護職の兄・松平容保とともに京都支配の中枢を担うことになったのである。これに一橋慶喜を加えた一会桑が幕末の政局の要になったことは前述の通りだ。

以上のような経緯を経てむかえた慶応四年／明治元年（一八六八）の戊辰戦争では尾張徳川家の慶勝は新政府軍側に、会津松平家の容保、桑名松平家の定敬は旧幕府軍側についた。実の兄弟同士で鉄砲を突きつけあうことになったわけだが、その間に立って奔走したのが茂栄だった。

茂栄は新政府につながりを持つ慶勝宛に、徳川宗家とひいては容保、定敬の助命嘆願のための手紙を送り、『詩経』の一節を用いた次のような一文をしたためている。

兄弟は家の中で争ったとしても、外から侮りを受けたら共に戦うものです
いかに親しい友人であっても、その思いが長く続き助けてくれることなどないのですから

結局江戸城総攻撃は中止となったものの、勢いにのった新政府軍を止めることはできず、その矛先は会津にむかい、凄惨な会津戦争の末に容保は新政府軍に捕縛された。定敬は旧幕府軍が集結する函館に渡ったが資金が尽きたため新政府軍に自首した。隠居謹慎処分を受けた二人が赦免されたのは、明治五年（一八七二）のことだった。

しかし、高須四兄弟が養子先の家の当主としてそれぞれの立場を頑《かたく》なに全うしようとしたのにはおどろかされるばかりである。

いや、彼らは養子だからこそ、その家の当主〝らしく〟あろうという意識が人一倍強かったのかもしれない。周囲からもそういう振る舞いが絶えず求められただろう。

だからこそ尾張徳川家に入った慶勝は始祖の義直以来の尊皇思想を貫いて極端な勤王路線をとったし、逆に会津松平家に入った容保は始祖の保科正之以来の徳川宗家の輔弼の立

場を崩さず、久松松平家の御家門・桑名松平家の定敬に至ってはこれに続く以外の選択肢は考えもしなかった。そして徳川将軍家の身内と位置づけられた御三卿の一橋徳川家の茂栄は、将軍という存在が消滅しても徳川宗家とそれに与した兄弟たちを守ろうとした。

彼らは「徳川」「松平」の超名門に養子に入ったことで、その家の当主〝らしく〟ふるまった。

本人たちの意思を超越した血の呪縛からは、逃れることはできなかったのだ。

その後、慶勝は息子・義宜の死去に伴い再び尾張徳川家の当主になったが新政府の要職にはつかなかった。茂栄は一橋藩を立藩したが廃藩となり、一橋藩を解体。容保の生活は困窮を極めたが、明治に入ってから生まれた実子が華族に列せられるなど徐々に名誉が回復された。定敬は西南戦争に旧桑名の家臣たちを引き連れて征伐軍に参加し、賊軍とされた積年の思いを晴らしている。

それぞれ新しい人生を歩み始めた高須四兄弟は、明治十一年（一八七八）、父・松平義建の十七回忌法要で再会を果たした。後日、慶勝の提案で正装姿で集まり銀座の写真館で集合写真を撮り、会食をした。果たして何を語り合ったのだろう。

その内容を伝える記録は、一切、残っていない。

高須四兄弟肖像写真（徳川林政史研究所所蔵）

右から慶勝（55歳）、茂栄（48歳）、容保（44歳）、定敬（33歳）。同じ家に生まれながら全く違う立場で幕末という激動の時代を駆け抜けた四兄弟でした。ちなみにこの時の写真代は割り勘だったそうです。

おわりに

この本の取材で初めて「松平」発祥の地である松平郷を訪れた時の事。地元には松平親氏が次のような願文を用いて祈願したという伝説があることを知りました。

〝天下和順　日月清明　風雨以時　災厲不起　国豊民安　兵戈無用　崇徳興仁　務修禮讓〟

（現代語訳）天下が和やかで、日月も清らか、気候にも恵まれ、災害や疫病は起こらない。国は栄え民は安らぎ、武器を用いることもなく、人々は徳をもって接し、礼節を身につけ譲り合って生きる

仏教の無量寿経の一節だそうです。この伝説の真偽のほどはわかりません。しかし私個人としては、なんだか妙に納得できたというのが正直な感想です。徳川家康の旗印である

〝厭離穢土欣求浄土〟

に現れている日本史上稀有といっていい平和思想は、きっと家康一代で出来上がった物ではないのです。「松平」から「徳川」へ。その思いが脈々と受け継がれていったからこそ、天下泰平が成り、江戸幕府二百六十五年という長期政権が実現したのでしょう。

お話は尽きませんが、この本はもう、あと一ページほどで終わります。なにしろ数百年にわたる一族の興亡を一冊の本の中でお伝えするという大変欲張った企画ですので、言葉足らずになっている部分も多々あります。話の流れとページ数との兼ね合いで、どうしても取り上げられなかった人物も沢山いて、力不足を反省するばかりです。

しかし、一人一人の人物にありったけのリスペクトを込めて書きました。本書で取り上げたどの人物もご紹介したのはその魅力のほんの一部です。気になった人物がいましたら、参考文献に記載した史料や、諸先生方の御本をご覧いただき、理解を深めてください。自分の地元や旅行先に、もしかして魅力的な「徳川」「松平」の当主がいたのかも。この本がそんな視点を持っていただくきっかけになったら、著者としてこの上ない幸せです。

PHP研究所の担当・前原真由美さんをはじめ、制作にかかわってくださったスタッフさん、取材先でご親切にしてくださった「徳川」「松平」ゆかりの地の皆さん、ありがとうございました。そして何より、最後までお付き合いくださった貴方に心から感謝を！

またどこかでお会いしましょう！

二〇二三年　天下泰平を願って

堀口茉純

主な参考文献

【全章共通】
・黒板勝美、国史大系編修会 編『新訂増補　国史大系（徳川実紀／続徳川実紀）』吉川弘文館
・斎木一馬・岩沢愿彦 校訂『徳川諸家系譜』続群書類従完成会
・堀田正敦 等編『寛政重修諸家譜』続群書類従完成会
・新井白石『藩翰譜』吉川半七
・『史籍雑纂』国書刊行会
・中村孝也『家康の族葉』講談社
・山本博文『大江戸御家相続』朝日新書
・新人物往来社 編『徳川将軍家・松平一族のすべて』新人物往来社
・『歴史読本』編集部 編『徳川将軍家・御三家・御三卿のすべて』新人物往来社
・村川浩平『日本近世武家政権論』日本図書刊行会

【第一章】
・宇野鎭夫『松平氏由緒書』松平親氏公顕彰会
・水野監物 編『三州八代記古伝集』
・大久保忠教『三河物語』日本戦史会
・作者不詳『当代記・駿府記』続群書類従完成会
・作者不詳『松平記』日本シェル出版
・近世名将言行録刊行会 編『近世名将言行録』吉川弘文館
・笠谷和比古『徳川家康』ミネルヴァ日本評伝選
・平野明夫『三河松平一族』洋泉社
・柴裕之『青年家康』角川選書
・戦国史研究会 編『論集 戦国大名今川氏』岩田書院

【第二章】
・荻野錬次郎『尾張の勤王』金鱗社
・深井雅海・川島孝一・藤田英昭校訂『源敬様御代御記録』徳川黎明会 徳川林政史研究所編
・近松茂矩『円覚院様御伝十五箇条 名分大義説』名古屋史談会
・加賀樹芝朗『朝日文左衛門「鸚鵡籠中記」』雄山閣
・真如隠士『大君言行録』
・辻達也『徳川吉宗』吉川弘文館
・松浦玲『勝海舟』筑摩書房
・小山譽城『徳川将軍家と紀伊徳川家』清文堂出版
・青山会館 編『水戸流芳遺墨』巧芸社
・徳川光圀『西山叢書』郷土研究わらび会
・稲垣国三郎 註解『桃源遺事　水戸光圀正伝』清水書房
・千葉新治 編『義公叢書』早川活版所
・『鼠璞十種』国書刊行会
・三田村玄竜『大名生活の内秘』早稲田大学出版部
・加藤隆『幕藩体制期における近世大名家格制の研究』近世日本城郭研究所

【第三章】
・松平定信『宇下人言』松平定晴
・大石慎三郎『田沼意次の時代』岩波書店
・渋沢栄一『徳川慶喜公伝』東洋文庫
・渋沢栄一 編／大久保利謙 校訂『昔夢会筆記』東洋文庫
・福井県立図書館、福井県郷土誌懇談会 共編『福井県郷土叢書』福井県郷土誌懇談会
・飯沼関弥『会津松平家譜』マツノ書店
・香川県教育委員会 編『新編 香川叢書』新編香川叢書企画委員会
・高知県立図書館 編『土佐國群書類従』高知県立図書館
・中村彰彦『保科正之』中公新書
・氏家幹人『大名家の秘密』草思社

【第四章】
・侯爵前田家編輯部『加賀藩史料』石黒文吉
・真田増誉『明良洪範』国書刊行会
・小林清治『伊達政宗の研究』吉川弘文館
・小林千草『伊達政宗、最期の日々』講談社現代新書
・東京帝国大学文学部史料編纂所 編『吉川家文書』東京帝国大学
・光成準治『毛利輝元 西国の儀任せ置かるの由候』ミネルヴァ書房
・三坂圭治 撰修『古老物語 防長古今見聞集』マツノ書店
・山本博文『島津義弘の賭け』中公文庫
・新名一仁『不屈の両殿』角川新書

【第五章】
・小池進『徳川忠長』歴史文化ライブラリー
・神沢貞幹『翁草』五車楼書店
・『武野燭談』国史研究会
・深井雅海『綱吉と吉宗』吉川弘文館
・若無子『続三王外記』
・『歴史読本 特集・徳川家康と13人の息子』新人物往来社

【第六章】
・樋口雄彦『第十六代徳川家達 その後の徳川家と近代日本』祥伝社
・保科順子『花葵 徳川邸おもいで話』毎日新聞社
・山川浩『京都守護職始末』東洋文庫
・家近良樹『孝明天皇と「一会桑」』文藝春秋
・相田泰三『松平容保公伝』会津史談会
・正親町公和 編『静寛院宮御日記』皇朝秘笈刊行会
・NHKプラネット中部 編『写真家大名・徳川慶勝の幕末維新』日本放送出版協会

【デジタル化資料閲覧】
・国立国会図書館デジタルコレクション
・東京大学史料編纂所データベース
・国立公文書館デジタルアーカイブ
・国文学研究資料館 日本古典籍総合目録データベース
・ジャパンナレッジ

PHP新書
PHP INTERFACE
https://www.php.co.jp/

堀口茉純［ほりぐち・ますみ］

東京都足立区生まれ。歴史タレント、歴史作家、江戸風俗研究家。
明治大学文学部（演劇学専攻）で歌舞伎史を学ぶ傍ら、文学座付属演劇研究所で演技の勉強を始め、卒業後は女優として舞台やテレビドラマに多数出演。一方、2008年に江戸文化歴史検定一級を最年少で取得すると、「江戸に詳しすぎるタレント＝お江戸ル」として注目を集め、執筆、イベント、講演活動にも精力的に取り組む。
主な著書に『江戸はスゴイ』『吉原はスゴイ』『歌舞伎はスゴイ』（以上、ＰＨＰ研究所）、『TOKUGAWA15』（草思社）、『UKIYOE17』（中経出版）、『EDO-100』（小学館）、『新選組グラフィティ1834-1868』（実業之日本社）などがある。

徳川家・松平家の51人
家康が築いた最強一族の興亡
（PHP新書 1347）

二〇二三年三月二十九日　第一版第一刷

著者――堀口茉純
発行者――永田貴之
発行所――株式会社ＰＨＰ研究所
東京本部――〒135-8137 江東区豊洲5-6-52
ビジネス・教養出版部 ☎03-3520-9615（編集）
普及部 ☎03-3520-9630（販売）
京都本部――〒601-8411 京都市南区西九条北ノ内町11
組版――有限会社エヴリ・シンク
装幀者――芦澤泰偉＋明石すみれ
印刷所
製本所――図書印刷株式会社

©Horiguchi Masumi 2023 Printed in Japan

ISBN978-4-569-85432-8

※本書の無断複製（コピー・スキャン・デジタル化等）は著作権法で認められた場合を除き、禁じられています。また、本書を代行業者等に依頼してスキャンやデジタル化することは、いかなる場合でも認められておりません。
※落丁・乱丁本の場合は、弊社制作管理部（☎03-3520-9626）へご連絡ください。送料は弊社負担にて、お取り替えいたします。

ＰＨＰ新書刊行にあたって

「繁栄を通じて平和と幸福を」（PEACE and HAPPINESS through PROSPERITY）の願いのもと、ＰＨＰ研究所が創設されて今年で五十周年を迎えます。その歩みは、日本人が先の戦争を乗り越え、並々ならぬ努力を続けて、今日の繁栄を築き上げてきた軌跡に重なります。

しかし、平和で豊かな生活を手にした現在、多くの日本人は、自分が何のために生きているのか、どのように生きていきたいのかを、見失いつつあるように思われます。そして、その間にも、日本国内や世界のみならず地球規模での大きな変化が日々生起し、解決すべき問題となって私たちのもとに押し寄せてきます。

このような時代に人生の確かな価値を見出し、生きる喜びに満ちあふれた社会を実現するために、いま何が求められているのでしょうか。それは、先達が培ってきた知恵を紡ぎ直すこと、その上で自分たち一人一人がおかれた現実と進むべき未来について丹念に考えていくこと以外にはありません。

その営みは、単なる知識に終わらない深い思索へ、そしてよく生きるための哲学への旅でもあります。弊所が創設五十周年を迎えましたのを機に、ＰＨＰ新書を創刊し、この新たな旅を読者と共に歩んでいきたいと思っています。多くの読者の共感と支援を心よりお願いいたします。

一九九六年十月

ＰＨＰ研究所